# L'exécution des mesures à titre provisoire rendues par un tribunal arbitral situé à l'étranger

**Le droit aujourd'hui**

La collection « Le droit aujourd'hui » regroupe des études juridiques concernant des problèmes d'actualité nationale et internationale, dans divers domaines (éthique, politique, questions de société…).

**Déjà parus**

Boris BARRAUD, *Éthique de l'intelligence artificielle*, 2022.
Boris BARRAUD, *Dignité, liberté, égalité*, 2022.
Boris BARRAUD, *Humanisme et intelligence artificielle*, 2022.
Michel BOUDJEMAÏ, *La territorialisation de l'aide sociale légale*, 2022.
Carine VAYSSE, *La théorie générale du contrat administratif*, 2022.
Thomas LARDEUX, *La sécurité juridique et le contentieux international des investissements*, 2021.
Coffi Dieudonné ASSOUVI, *L'influence du droit international des changements climatiques sur le droit de l'environnement de l'Union européenne*, 2021.
Zohra Aziadé ZEMIRLI, *Le statut juridique des non-musulmans en Algérie. L'exemple des évangéliques et des ahmadis,* 2020.
Moustapha KAMARA, Jean Baptiste BERTRAND, avec la collaboration de Samba Thiam et Isabel Falconer, *Le contentieux international du transfert des joueurs, Football et autres sports collectifs, Nouvelle édition revue et augmentée,* 2020.
Béatrice Blohorn-Brenneur (dir.), *Médiation, cultures et religions*, 2020.
Marion Brosset Briand, Antonin Crinon, Élodie Delacoure et Émilie Delcher (dir.), *Le nombre et le droit*, 2020.
Mickaël Le Borloch, *L'application du droit d'auteur aux hyperliens, Analyse de droit français et de droit américain*, 2019.
Romain Feydel, *La société de libre partenariat. Régime juridique et fiscal*, 2019.

Aécio Filipe Coelho Fraga de Oliveira

# L'exécution des mesures à titre provisoire rendues par un tribunal arbitral situé à l'étranger

Préfaces de Renato Stephan Grion
et Ana Gerdau de Borja Mercereau

L'Harmattan

**5-7, rue de l'Ecole-Polytechnique, 75005 Paris**

http://www.editions-harmattan.fr

ISBN : 978-2-14-020688-7
EAN : 9782140206887

# PRÉFACES

C'est un honneur pour moi d'avoir été invité à rédiger la préface de cet excellent ouvrage de Monsieur Aécio Filipe Coelho Fraga de Oliveira sur l'important thème de l'exécution des mesures à titre provisoire rendues par un tribunal arbitral situé à l'étranger.

J'ai eu le plaisir de découvrir le travail de Monsieur Coelho Fraga de Oliveira lorsque j'ai lu le mémoire qu'il a présenté en 2018 dans le cadre de ses études à l'Université Panthéon Sorbonne, sous la direction de Monsieur le Professeur Sylvain Bollée. Ce mémoire représente la ligne directrice du présent ouvrage, dont le texte final est le fruit de débats académiques, des réflexions de l'auteur et d'actualisations effectuées au cours des dernières années.

L'importance pratique de ce sujet, l'un des plus complexes et délicats du droit international, se passe de tout commentaire. Dans un monde globalisé, où l'arbitrage est la méthode de résolution des litiges par excellence, il est nécessaire et incontournable de pouvoir exécuter des mesures provisoires dans un pays tiers dans le cadre de l'utilisation de l'arbitrage international comme moyen de résolution des conflits de manière finale et définitive.

S'il est vrai que, dans la plupart de cas, les mesures à titre provisoire sont respectées et exécutées volontairement, il reste que dans un certain nombre de cas la partie à l'arbitrage bénéficiant de la mesure doit recourir à l'aide des cours étatiques de l'autre juridiction dans laquelle doivent être exécutées les mesures. De ce fait, la sécurité juridique et l'efficacité de cette procédure doivent être garanties pour que ses utilisateurs continuent à considérer l'arbitrage comme la méthode la plus sûre et efficace de résolution des conflits en matière de commerce international.

Dans ce contexte, le livre de Monsieur Coelho Fraga de Oliveira offre, de manière opportune, une réflexion claire, objective et structurée sur ce thème. Au-delà de cette réflexion, l'ouvrage propose des solutions pragmatiques, voire même audacieuses, et toujours bien justifiées.

Au-delà de la rigueur scientifique de ce travail, on ne peut manquer de relever son analyse constructive et son caractère international. En effet, l'auteur fait référence à de nombreuses questions pratiques relatives au thème, et ce, dans un cadre de droit comparé, ce qui ne surprendra personne puisque l'auteur est l'un des représentants de la nouvelle génération des spécialistes en arbitrage, fort d'une riche expérience acquise tant dans de grands cabinets internationaux qu'au Brésil.

La publication de l'ouvrage de Monsieur Coelho Fraga de Oliveira intervient à un moment opportun, et sera une importante contribution aux débats menés sur ce thème toujours au centre de l'actualité, puisqu'il présente des solutions et approches novatrices.

Renato Stephan Grion
*Avocat associé chez Pinheiro Neto Advogados*
*Ancien président de la Commission d'arbitrage et médiation de la CCI (Brésil)*

C'est un grand honneur, et un immense plaisir, d'avoir accepté d'écrire la préface de cet ouvrage qui est le résultat de recherches de grande qualité portant sur l'exécution des mesures à titre provisoire rendues par des arbitres internationaux, par le biais de recours aux systèmes dits d'assimilation de la mesure à titre provisoire à une sentence arbitrale, et de systèmes dits d'assistance des juges étatiques quant à l'exécution de ces mesures à titre provisoire.

À travers cet ouvrage, l'auteur apporte des propositions importantes et audacieuses quant à la manière d'assurer l'efficacité de ces mesures tout en ayant le souci de réduire, pour les parties concernées, les coûts suscités, comme le temps passé, dans le cadre de ces procédures.

J'ai d'ailleurs eu le plaisir de participer à une discussion des plus stimulantes avec mes brillants confrères Maître Ana Viola, Maître Renato Stephan Grion et Maître Aécio Filipe Coelho Fraga de Oliveira, lors d'une conférence organisée par le Comité brésilien d'arbitrage (CBAr), afin de débattre des idées décrites dans le mémoire de l'auteur intitulé *L'exécution des mesures à titre provisoire rendues par un tribunal arbitral situé à l'étranger*. Mémoire qui quant à lui a été rédigé dans le cadre du programme de Master II Droit international privé et du Commerce international à l'Université Paris I Panthéon-Sorbonne, sous la direction du Professeur Sylvain Bollée, et qui est sans aucun doute la source d'inspiration même du présent ouvrage.

Maître Coelho Fraga de Oliveira fait très certainement partie des étoiles montantes de sa génération.

Il a su combiner des expériences au Brésil comme à l'international à travers un parcours remarquable qui l'a notamment amené à effectuer un séjour de recherche à l'étranger au sein de l'Universität Hamburg, en tant que chercheur invité, ainsi qu'à travers son expérience en tant que collaborateur au sein de cabinets d'avocats internationaux d'exception à Londres, São Paulo, mais également à Paris.

Aux lecteurs, je vous promets donc une excellente lecture d'un ouvrage bien structuré, enrichi de détails passionnants et d'idées innovatrices ayant pour but de favoriser le développement de l'arbitrage international.

Ana Gerdau de Borja Mercereau<br>
*PhD et LLM, University of Cambridge*<br>
*Membre de la Commission d'arbitrage et ADR de la CCI*

## REMERCIEMENTS

« C'est de Lui, par Lui et pour Lui que sont toutes choses » (Rm 11 : 36).

À Monsieur le Professeur Sylvain Bollée, qui a accepté la direction des recherches qui inspirent ce livre,

À Monsieur Renato Stephan Grion et à Madame Ana Gerdau de Borja Mercereau, pour leurs échanges riches et passionnants,

À mes parents, Aécio et Márcia, pour leur soutien inconditionnel,

À Pedro, pour son amitié et confiance en moi,

À Yeda (*in memoriam*), pour son exemple de force,

À Caroline, pour son amour infaillible,

À mes amis, pour leur encouragement,

Je leur dédie ce livre.

« L'idée de justice ne se réalise pas seulement dans la sagesse des décisions juridictionnelles ; elle s'exprime aussi dans leur rapidité et leur effectivité. »

Vincent Delaporte, *Les Mesures provisoires et conservatoires en droit international privé*, 1989

# RÉSUMÉ

L'arbitrage est vital pour le commerce international, étant aujourd'hui considéré comme le mécanisme de résolution de conflit le plus utilisé au sein des disputes transfrontalières. Pendant les dernières années, on a constaté une évolution progressive de l'autonomie de l'arbitrage, réduisant ainsi la nécessité de faire intervenir le juge étatique pour assurer l'efficacité de la procédure arbitrale. Cependant, il reste encore certains domaines où la coopération entre le juge national et l'arbitre se montre nécessaire, notamment dans le cas d'exécution de mesures à titre provisoire.

Si pendant le XX^e^ siècle la majorité des lois nationales et règlements d'arbitrage était silencieuse sur la compétence de l'arbitre d'octroyer des mesures provisoires ou conservatoires, à cause de son absence d'*imperium*, actuellement il semble presque unanime au sein de la jurisprudence des juridictions nationales que le tribunal arbitral possède un tel pouvoir. En acceptant la compétence de l'arbitre de pouvoir octroyer ce type de demandes, se pose alors pour les parties la question majeure de savoir quels mécanismes les arbitres peuvent mettre en place pour obtenir l'exécution forcée d'une telle décision, en cas de non-respect volontaire par la partie adverse.

Face à la nature très internationale de l'arbitrage, on constate que les recours normalement ouverts auprès de la juridiction du siège de la procédure arbitrale ne satisfont plus entièrement les besoins des parties. Du fait de l'augmentation des déplacements internationaux des biens et également du phénomène de la délocalisation de l'arbitrage, les procédures arbitrales internationales ont souvent lieu dans des endroits où aucune des parties n'a d'actifs ni d'opérations commerciales.

Ainsi, ce livre vise à expliciter les mécanismes disponibles pour faire exécuter la mesure provisoire ou conservatoire dans des pays autres de celui où se trouve « juridiquement » l'arbitrage, tout en expliquant les enjeux et controverses qui les entourent. À cet égard, ces mécanismes peuvent être divisés en deux catégories : d'une part, ceux qui adoptent un système d'exécution essentiellement identique à celui qui s'applique aux décisions sur le fond et, d'autre part, ceux qui considèrent les mesures à titre provisoire comme étant des ordonnances.

**Mots-clés :** Droit international privé. Arbitrage. Exécution. Mesure provisoire/conservatoire.

# ABSTRACT

Arbitration is vital for international trade, as it is considered to be the favourite dispute resolution mechanism for international disputes. In the recent years, there has been a progressive evolution of the autonomy of arbitration in general vis-à-vis state courts, which reduced thc necessity of court interventions to ensure the effectiveness of arbitral proceedings. However, there are still some areas where cooperation between the national judge and the arbitrator is necessary, especially in case of enforcement of provisional/interim measures.

If in the twentieth century the majority of national laws and arbitration rules were silent on the issue of the arbitrator's competence to grant this type of measures – particularly because they lacked coercive powers or d'*imperium* – it seems almost unanimous nowadays among different jurisdictions that the arbitral tribunal has such power. However, in the event of the opposing party non-compliance of an interim measure issued by the arbitral tribunal, the central question then becomes what are the mechanisms that could be put in place in order to obtain the enforcement of such decision.

When one considers the facts that the parties have constantly been moving their goods around the globe and the phenomena of delocalisation of the arbitral seat, one can realize how international arbitration proceedings often take place in countries where the parties have neither assets nor commercial operations. As a matter of consequence, the remedies available in the jurisdiction of the seat of the arbitral proceedings no longer fully meet the parties' needs.

Thus, the purpose of this research is to explain the mechanisms available to enforce provisional or interim measures in countries other than the one where lies the seat of arbitration. Those mechanisms can be divided between those that are similar to the enforcement of final awards and those that consider provisional measures as orders. This book will address the issues and controversies surrounding the adoption of these solutions.

**Keywords:** Private International Law. Arbitration. Enforcement of interim awards/relief

# TABLE D'ABRÉVIATIONS ET SIGNES

| | |
|---|---|
| AAA | Association américaine d'arbitrage |
| Am. Rev. Int'l Arb | American Review of International Arbitration |
| Arb. Int. | Arbitration International |
| Art. | Article |
| ASA bull. | Bulletin de l'Association suisse de l'arbitrage |
| Bull. CIA de la CCI | Bulletin de la Cour internationale d'arbitrage de la Chambre de commerce internationale |
| CA | Cour d'appel |
| C-Arb | Concordat sur l'arbitrage |
| CAM-CCBC | Centre d'arbitrage et médiation du Centre de commerce Brésil-Canada |
| CBAR | Comité d'arbitrage brésilien |
| Cf. | *Confer* |
| CIRDI | Centre international pour le règlement des différends relatifs aux investissements |
| CJCE | Cour de justice des communautés européennes |
| CNUDCI | Commission des Nations unies pour le droit commercial international |
| CNY ou Convention | Convention de New York |
| Coll. | Collection |
| Comp. | Compare |
| CPC | Code de procédure civil |
| Croat. Arbit. Yearb. | Croatia Arbitration Yearbook |

| | |
|---|---|
| Dir. | Directeur |
| Doc. | Document |
| Éd. | Éditeur |
| Ed. | Édition |
| *Et al.* | *Et alii* |
| FAA | Federal Arbitration Act |
| HKIAC | Centre d'arbitrage international de Hong Kong |
| IBA | International Bar Association |
| *Ibid.* | *Ibidem* |
| ICCA | Conseil international d'arbitrage commercial |
| *Infra* | Ci-dessous |
| Journ. In. Arb. | Journal of International Arbitration |
| LCIA | Cour internationale d'arbitrage de Londres |
| n° | Numéro(s) |
| *Op. cit.* | *Opera citato* |
| OMPI | Organisation mondiale de la propriété intellectuelle |
| p. | Page |
| Para. | Paragraphe |
| Rev. | Revue |
| Rev. arb. | Revue de l'arbitrage |
| Rev. crit. DIP | Revue critique de droit international privé |
| Rev. int. dr. proc | Revue internationale de droit processuel/international |
| SCAI | Association d'arbitrage et médiation de la chambre suisse de commerce |
| SCC | Chambre de commerce de Stockholm |

| | |
|---|---|
| SIAC | Centre d'arbitrage international de Singapour |
| s. | Suivant(e)s |
| Supra. | Ci-dessus |
| Spéc. | Spécialement |
| VIAK | Centre d'arbitrage international de Vienne |
| Tex. Int'l L.J. | Texas International Law Journal |
| v. | Voir |
| vol. | Volume |
| vs. | Versus |
| YAR | Young Arbitration Review |
| YCA | Yearbook. Commercial Arbitration |
| ZPO | ZivilprozeBordung |

# SOMMAIRE

# L'EXÉCUTION DES MESURES À TITRE PROVISOIRE RENDUES PAR UN TRIBUNAL ARBITRAL SITUÉ À L'ÉTRANGER

# INTRODUCTION

Indiscutablement, l'arbitrage est vital pour le commerce international : environ quatre-vingt-dix (90 %) pour cent des contrats internationaux en vigueur contiennent une clause compromissoire[1]. Le succès de ce mécanisme de résolution de conflit en fait un adversaire considérable face aux juridictions étatiques. Par exemple, la sentence finale, sauf accord contraire, ne fait pas l'objet des recours et est rendue, en théorie, dans une période plus courte qu'une décision étatique[2]. En outre, il est à noter que les

---

[1] S. STRONG, « Realizing Rationality: An Empirical Assessment of International Commercial Mediation », *Wash. & Lee L. Rev.* 2016, vol. 73, p. 1976-2085, spéc. p. 1976 ; O. SANDROCK, « The Choice Between Forum Selection, Mediation, and Arbitration Clauses: European Perspectives », *Am. Rev. Int'l Arb.* 2009, vol. 151, p. 8-37, spéc. p. 37 ; C. DRAHOZAL et R. NAIMARK, *Towards a Science of international Arbitration: Collected Empirical Research*, La Haye, *Kluwer Law International* 2005, p. 59 ; A. CASELLA, « Arbitration in International Trade », *European Economic Review* 1992, v. 721, p. 1-43, spéc. p. 1.

[2] La doctrine et les parties critiquent la rapidité de l'arbitrage de plus en plus souvent. Selon la LCIA (Cour internationale d'arbitrage de Londres), la durée totale de ses arbitrages a connu une légère augmentation dans les dernières années. Pour les cas qui ont été tranchés en 2013 ou en 2014, la durée totale était de 16 mois, contre 17 mois pour les cas ayant obtenu une décision en 2015 ou 2016, v. LCIA, *LCIA Releases Costs and Duration Data*, 2017 (http://www.lcia.org/News/lcia-releases-updated-costs-and-duration-analysis.aspx consulté le 4 février 2018). Selon la SIAC (Centre d'arbitrage international de Singapour), la durée moyenne des cas était de 13,8 mois en 2016. Pour plus d'information, v. SIAC, *SIAC Releases Costs and Duration Study*, 2016 (http://www.siac.org.sg/images/stories/press_release/SIAC%20Releases%20Costs%20and%20Duration%20Study_10%20Oct%202016.pdf, consulté le 4 février 2018). Les critiques sont plus accentuées en matière d'arbitrage maritime, v. M. GELDER, « Maritime Arbitration: Quo Vadis? Have Delays and Costs Caused us to Lose the Way? », *Journ. Int. Arb.* 1995, vol. 12, p. 79-86, spéc. p. 79. Il faut mentionner

parties peuvent non seulement choisir l'arbitre en fonction de sa spécialité, mais également la loi, la langue et le siège de l'arbitrage, évitant ainsi des discussions sur le conflit de compétence des tribunaux étatiques.

Actuellement, l'arbitrage se développe de manière presque autonome de tous ordres juridiques, en se portant comme une procédure privée, rapide et répondant mieux aux attentes des parties. La compétence de l'arbitre en matière de mesures provisoires et conservatoires illustre jusqu'à quel point l'arbitrage est devenu autosuffisant. Néanmoins, c'est justement dans ce cas de figure que son efficacité peut être remise en doute [3]. Pendant le déroulement de la procédure, les circonstances peuvent exiger qu'une ou plusieurs mesures conservatoires ou provisoires soient rendues avant la sentence finale. En acceptant la compétence de l'arbitre de pouvoir octroyer ce type de demandes, se pose alors pour les parties la question majeure de savoir quels mécanismes les arbitres peuvent mettre en place pour obtenir l'exécution d'une telle décision – en effet, le tribunal arbitral n'a pas, en principe, de pouvoir d'*imperium*.

Les recours disponibles devant la juridiction du siège de la procédure arbitrale ne satisfont plus entièrement les

---

cependant que l'augmentation de la durée de la procédure arbitrale est surtout liée au fait que les litiges sont de plus en plus complexes.

[3] En ce sens, le groupe de travail de la Commission des Nations unies pour le droit commercial international (CNUDCI) a publié en 2000 le rapport A/CN.9/468. Celui-ci visait à étudier les possibles domaines de développement de travail en droit de l'arbitrage commercial international, en reconnaissant que « l'efficacité de l'arbitrage comme méthode de règlement des différends commerciaux dépendait de la possibilité de faire exécuter les mesures provisoires et conservatoires », cf. UN, *Report of the Working Group on Arbitration on the work of its thirty-second session*, doc. A/CN.9/468, New York, 10 avril 2000, p. 1-26, spéc. p. 60.

besoins des parties[4] car celles-ci peuvent chercher à faire exécuter la mesure provisoire ou conservatoire dans des pays autres de celui où se trouve « juridiquement » l'arbitrage. Du fait de l'augmentation des déplacements internationaux des biens et également du phénomène de la délocalisation de l'arbitrage, on constate que les procédures arbitrales internationales ont souvent lieu dans des endroits où aucune des parties n'a d'actifs ou d'opérations commerciales. En fait, les litiges sont de plus en plus complexes, ayant un haut niveau d'éléments d'extranéité, de sorte que le choix du siège n'est pas strictement fait en raison de la proximité géographique du litige. En réalité, il est choisi plutôt en fonction de sa neutralité vis-à-vis des parties[5].

---

[4] Selon F. EMARA, « dans les cas normaux et même ceux d'urgence soulevés devant la juridiction étatique, le recours au juge, le déroulement de l'instance et l'émission de la décision se font au siège du tribunal » : F. EMARA, *Les Mesures provisoires en arbitrage commercial international*, Île Maurice, Dictus Publishing, 2016, p. 199. Selon D. LEW *et al.*, certaines lois prévoient l'exécution de mesures provisoires rendues par des tribunaux arbitraux. En général, ces règles sont limitées aux mesures provisoires ordonnées par les tribunaux qui ont leur siège dans le pays de la cour d'exécution. Lorsque le tribunal a son siège dans un pays différent, ces règles ne s'appliquent pas : D. LEW *et al.*, *Comparative International Commercial Arbitration*, La Haye, Kluwer Law International, 2003, p. 585-625, spéc. p. 612 (traduction libre). V. aussi G. B. BORN, *International Commercial Arbitration*, La Haye, Wolters Kluwer, 2009, vol. II, p. 2024, 2058. Cf. A. REDFERN et H. HUNTER, *Redfern and Hunter on International Arbitration*, 6e éd., Oxford, OUP Oxford, 2015, p. 111.

[5] J. POUDRET et S. BESSON, *Comparative Law of International Arbitration*, Londres, Sweet & Maxwell, 2007, p. 119 ; J.-B. RACINE, « L'exécution des mesures provisoires ordonnées par un arbitre. L'éclairage du projet de nouvelle Loi type de la CNUDCI », in J.-M. JACQUET et E. JOLIVET (éd.), *Les Mesures provisoires dans l'arbitrage commercial international : évolutions et innovations*, Paris, Lexis Nexis, 2007, p. 113-134, spéc. p. 118 ; V. VEEDER, « The Need for Cross-border Enforcement of Interim Measures

Or, pour que le domaine de l'exécution des mesures provisoires et conservatoires ne soit pas susceptible de mettre en échec l'efficacité de l'arbitrage international[6], il est nécessaire de mettre en œuvre des solutions pour faire exécuter la mesure arbitrale hors de la juridiction du siège de l'arbitrage. Toutefois, il convient de préciser qu'il existe de vraies barrières au respect d'une décision émanant d'un « tribunal arbitral étranger ». En particulier, deux difficultés sont récurrentes : soit la loi nationale ne prévoit pas la possibilité pour les juridictions étatiques locales d'exécuter ce type d'assistance[7], soit elle la limite aux arbitrages ayant lieu dans son ressort[8].

---

Ordered by a State Court In Support of the International Arbitral Process », in A. BERG, (éd.), *New Horizons in International Commercial Arbitration and Beyond*, La Haye, Kluwer Law International, 2005, p. 242-271, spéc. p. 242.

[6] P. BERNARDINI, « Les pouvoirs de l'arbitre », in I. SHIHATA et R. COULSON (dir.), *Mesures conservatoires et provisoires en matière d'arbitrage international*, Bull. CIA de la CCI, 1992, p. 22-30, spéc. p. 22. Pour qu'une procédure soit effective, elle doit respecter l'équilibre entre les principes de sécurité et rapidité, en fournissant aux parties le résultat de leurs attentes vis-à-vis du droit matériel demandé, cf. J. BEDAQUE, *Efetividade do processo e técnica processual*, São Paulo, Malheiros, 2006, p. 49.

[7] Par exemple, une mesure provisoire rendue par des arbitres à l'étranger n'est pas exécutoire en Suède, étant donné que les arbitres n'ont pas le pouvoir de contrainte. Lorsqu'une partie doit exiger une exécution immédiate, une ordonnance au tribunal étatique peut être préférable en raison de son caractère exécutoire, v. P. SHAUGHNESSY, « Chapter 5 Interim Measures », in U. FRANKE *et al.* (éds.), *International Arbitration in Sweden: A Practitioner's Guide*, La Haye, Kluwer Law International, 2013, p. 95-114, spéc. p. 106. La Roumanie est un autre exemple qui peut être cité, car une ordonnance de mesures provisoires ou conservatoires émises par un tribunal arbitral à l'étranger n'est pas exécutoire en vertu de la loi roumaine, v. THE IN-HOUSE LAWYER, *What interim measures are available? Will local courts issue interim measures pending the constitution of the tribunal?*, The In-House Lawyer, 2018 (http://www.inhouselawyer.co.uk/wgd_question/what-interim-

Ainsi, quelle est l'entendue de la coopération entre la justice arbitrale et la justice étatique en matière d'exécution des mesures provisoires et conservatoires rendues par un tribunal arbitral à l'étranger ?

Cette question soulève des enjeux fondamentaux car, évidemment, tous les avantages de ce mécanisme alternatif de résolution de conflit pourront être remis en cause si les parties n'arrivent pas à voir leurs droits préservés de manière provisoire, ni leur preuve établie en face d'une situation d'urgence[9]. La procédure perdrait notamment de

---

measures-are-available-will-local-courts-issue-interim-measures-pending-the-constitution-of-the-tribunal-2/, consulté le 6 mars 2018). Cf. également l'Article 818 du CPC italien qui détermine que : « Les arbitres ne peuvent pas rendre de mesures provisoires de protection » (traduction libre). V. aussi A. CARLEVARIS, « *La tutela cautelare nell'arbitrato internazionale* », Padova, Cedam, 2006, p. 272. V. aussi l'exemple de la Croatie : A. UZELAC et T. NAGY, « Croatia », in C. LIEBSCHER et A. FREMUTH-WOLF, *Arbitration Law and Practice in Central and Eastern Europe*, New York, Huntington, 2006, p. CRO-54 et s., spéc. p. CRO-54.

[8] L'assistance du juge en Bolivie est également limitée aux arbitrages ayant leur siège dans son territoire, cf. Article 36 de la loi d'arbitrage bolivienne (*Ley Boliviana de Arbitraje y Conciliación* de 1997). Également en Angleterre, cf. l'Article 2 de la loi anglaise d'arbitrage. Sur ce sujet, cf. D. LEW *et al.*, *op. cit.*, p. 612 ; T. KOJOVIC, « Court Enforcement of Arbitral Decisions on Provisional Relief – How Final is Provisional? », *Journ. Int. Arb.* 2001, La Haye, Kluwer Law International, v. 18, n° 5, p. 511-532, spéc. p. 4. C'est par exemple le cas de la Russie, cf. M. KULKOV, « Can interim measures be obtained in Russia in support of commercial arbitration conducted outside of Russia », in Association for International Arbitration (éd.), *Interim measures in international commercial arbitration*, Antwerp, Maklu, 2007, p. 95-100.

[9] L'urgence est une des caractéristiques de la mesure à titre provisoire. On constate que soit le droit d'une des parties peut être en danger en raison d'un facteur extérieur qui se produit soudainement (*pericolo di infruttuosità*), soit ce droit peut se rendre inutile si la prestation juridictionnelle demandée est satisfaite tardivement (*pericolo da tardività*). Pour plus d'informations sur la nature urgente de la mesure à titre provisoire, cf. M. CARRETEIRO, *Tutela de*

son intérêt si la partie adverse menait des actions malhonnêtes – en dissipant des biens ou en les retirant d'une certaine juridiction – en ce sens que cela mettrait en lumière l'incompétence de l'arbitrage pour soutenir les besoins des cocontractants.

Or, pour introduire et exposer correctement cette problématique, il faut d'abord réaliser une brève analyse historique de l'évolution du pouvoir de l'arbitre **(I)** pour ensuite pouvoir expliquer les instruments disponibles dont disposent les arbitres pour faire exécuter leur décision de manière volontaire **(II)**. Enfin, il est nécessaire de retracer le cadre conceptuel général de ce livre, en expliquant non seulement la question spécifique à laquelle on se bornera à répondre, mais aussi l'hypothèse initiale à démontrer ainsi que les objectifs envisagés par l'auteur **(III)**.

## I- Une analyse historique de l'évolution du pouvoir de l'arbitre

C'est récemment seulement que les conventions internationales, les législations nationales et les règlements d'arbitrages ont été révisés pour attribuer aux arbitres compétence pour octroyer les mesures provisoires et conservatoires demandées par les parties [10]. Cette

---

*Urgência e Processo Arbitral*, 1 éd., São Paulo, Revista dos Tribunais, p. 54 ; A. OLIVEIRA, *Perfil dogmático da tutela de urgência*, Rio de Janeiro, Forense, 1998, p. 19.

[10] Par exemple l'Article 26 du Concordat suisse sur l'arbitrage (C-Arb) réservait au juge étatique le pouvoir de prendre des mesures provisionnelles. En 1944, le Règlement d'arbitrage de l'AAA (Association américaine d'arbitrage) a prévu, dans l'Article 35 de ce texte, le pouvoir des arbitres de rendre des mesures provisoires. Pendant les années 1920, les lois allemandes et grecques interdisaient expressément un tel pouvoir. La Convention de Genève, en 1961, restait encore silencieuse sur cette matière, en affirmant seulement qu'une demande de mesures provisoires ou conservatoires adressée à une autorité judiciaire ne doit pas être considérée comme incompatible

limitation était motivée, d'une part, par l'incapacité des arbitres de pouvoir exécuter ces décisions et d'autre part, du fait d'un sentiment de méfiance et de compétition des juges étatiques envers l'arbitrage[11].

Toutefois, le XX^e^ siècle a été marqué par une transition graduelle de la compétence exclusive du juge étatique vers une compétence concurrente avec la juridiction arbitrale[12].

---

avec la convention d'arbitrage. Même si ce texte était interprété par la doctrine comme permettant aux parties de demander une mesure provisoire soit à l'arbitre, soit à la justice étatique, il ne prévoyait pas expressément la compétence de l'arbitre dans cette matière. V. J. POUDRET et S. BESSON, *op. cit.*, p. 612 ; G. B. BORN, *op. cit.*, p. 1947, 2030. En France, le pouvoir des arbitres d'ordonner des mesures conservatoires ou provisoires a été expressément accepté dans la législation après la réforme de 2011, cf. Art. 1506.3 du Code de procédure civile (CPC). Cependant, la jurisprudence le reconnaissait déjà, conformément à l'arrêt CA Paris, 7 octobre 2004, *Rev. arb.* 2005, p. 737, note E. JEULAND ; J.-B. RACINE, *Droit de l'arbitrage*, Paris, Presses universitaires de France, 2016, p. 465/466.

[11] Pour comprendre l'évolution historique du pouvoir de l'arbitre en matière de mesure provisoire et conservatoire, v. A. YESILIRMAK, *Provisional Measures in International Commercial Arbitration*, La Haye, Kluwer Law International, 2005, vol. 12, p. 20-51 ; G. B. BORN, *op. cit.*, p. 1949-1951 ; J. LEW, « Achieving the dream: autonomous arbitration », *Arbitration International* 2007, v. 2, Oxford, Oxford University Press, p. 182.

[12] A. YESILIRMAK, *op. cit.*, p. 86-97 ; G. B. BORN, *op. cit.*, p. 2042-2054 ; C. SERAGLINI et J. ORTSCHEIDT, *Droit de l'arbitrage interne et international*, Paris, Montchrestien, 2013, p. 775-777. À cet égard, certains auteurs affirment que la Convention de Genève du 21 avril 1961 en son Article VI, paragraphe 4, permet la compétence concurrente, v. J. POUDRET et S. BESSON, *op. cit.*, p. 727. En plus, la Cour de justice des Communautés européennes (CJCE) a admis dans l'arrêt *Van Uden* du 17 novembre 1998 (aff. C-391/95) ce type de compétence concurrente des tribunaux étatiques dans le cadre de la Convention de Bruxelles, en affirmant que l'Article 24 de ce texte était applicable même dans l'hypothèse où le contrat litigieux contient une clause compromissoire, v. CJCE 17 novembre 1998, aff. C-391/95, *Van Uden Maritime BV c/Kommanditgesellschaft in Firma Decoline* ; H. GAUDEMET-

Ce changement de paradigme coïncide avec la consécration de l'arbitrage au sein du commerce international et le besoin de réponses efficaces à l'accélération de la vie des affaires. Il faut applaudir cette évolution – en effet, la compétence exclusive du juge étatique avait comme inconvénient de porter atteinte au choix des parties. Il en était ainsi lorsque les parties souhaitaient confier la résolution de leur différend à un système plus neutre, ne comportant pas d'intervention d'une juridiction étatique.

Par conséquent, il fallait que l'arbitre puisse lui aussi fournir aux parties protection de leurs intérêts légaux et économiques, en évitant la saisine du juge étatique pour obtenir une solution à titre provisoire ou conservatoire. L'arbitrage est, ou devrait être, « un véritable système de justice[13] », une procédure complète[14] et devrait, en tant

TALLON, *Compétence et exécution des jugements en Europe*, 5 éd., Issy-les-Moulineaux, LGDJ, 2015, p. 401/402 ; M. ALI-BAHMAEIM, *L'Intervention du juge étatique des mesures provisoires et conservatoires en présence d'une convention d'arbitrage – Droits français, anglais et suisse*, Issy-les-Moulineaux, LGDJ, 2002, p. 61,62, 290.

[13] J.-B. RACINE, 2007, *op. cit.*, p. 118. À cet égard, la majorité des règlements d'arbitrage prévoient la compétence accordée aux arbitres d'octroyer les mesures provisoires et conservatoires. V. l'Article 37(1) du Règlement d'arbitrage de la Chambre de commerce de Stockholm (SCC 2017), l'Article 37(a) du Règlement d'arbitrage de l'AAA ; l'Article 28.1 du Règlement d'arbitrage de la Chambre de commerce internationale (CCI 2021).

[14] Cependant, il faut mentionner que, encore aujourd'hui, des pays comme l'Italie, la Finlande et la Chine interdisent la compétence de l'arbitre en matière de mesures provisoires et conservatoires. En ce sens, l'Article 818 du CPC italien de 1940, dernier amendement en 2017, détermine que : « Les arbitres ne peuvent pas rendre de mesures provisoires de protection » (traduction libre). V. aussi A. CARLEVARIS, *op. cit.*, p. 272. La section 5(2) de la Loi d'arbitrage finlandaise (Loi n° 967.1992) détermine que : « Toutefois, malgré une convention d'arbitrage, un tribunal étatique ou une autre

que procédure choisie pour statuer sur le fond du litige[15], se présenter comme la place naturelle pour demander des mesures provisoires. À ce titre, une compétence concurrente existe entre les juges et les arbitres dans une majorité d'États, offrant aux parties la possibilité de saisir soit le juge étatique du siège de l'arbitrage[16], soit les arbitres eux-mêmes afin de demander l'octroi d'une telle mesure[17].

---

autorité peut, avant ou pendant la procédure d'arbitrage, accorder les ordonnances et mesures provisoires que l'autorité étatique a le pouvoir d'accorder » (traduction libre). En Chine, l'Article 28 de la loi d'arbitrage établit que : « Si une partie demande une mesure à titre provisoire, le tribunal arbitral transmettra la demande au juge conformément aux dispositions pertinentes de la procédure civile » (traduction libre), cf. également G. LIU, « UNCITRAL Model Law v. Chinese Law and practice: a discussion on interim measures of protection », in A. BERG (éd.), *New Horizons in International Commercial Arbitration and Beyond*, ICCA Congress Series, n° 12, La Haye, Kluwer Law International, 2005, p. 280/281.

[15] T. CLAY, « Les mesures provisoires demandées à l'arbitre », in M. JACQUET et E. JOLIVET (éd.), *Les Mesures provisoires dans l'arbitrage commercial international : évolutions et innovations*, Paris, Lexis Nexis, 2007, p. 9-25, spéc. p. 9 ; B. BERGER et F. KELLERHALS, *International and Domestic Arbitration in Switzerland*, Londres, Sweet & Maxwell, 2010, p. 320.

[16] Dans la plupart des cas, c'est le juge étatique du siège qui est compétent pour octroyer les mesures provisoires et conservatoires, sauf rares exceptions, comme détaillé opportunément, où les législations nationales attribuent compétence au juge étatique même dans le cas de figure où le siège n'est pas localisé dans son territoire, v. F. EMARA, *op. cit.*, p. 199.

[17] J. POUDRET et S. BESSON, *op. cit.*, p. 532. À cet égard, la Loi type de la Commission des Nations unies pour le droit commercial international (CNUDCI) de 1985 est un autre exemple de législation internationale qui autorise la compétence concurrente. En ce sens, l'Article 17 de ce texte prévoit le pouvoir des arbitres pour rendre les mesures provisoires et conservatoires, alors que l'Article 9 informe que la saisine du juge étatique ne porte pas atteinte à la convention d'arbitrage. En plus, l'Allemagne aussi permet la compétence concurrente, selon l'Article 1033 de la *ZivilprozeBordung* (ZPO), en

Cependant, on remarque que l'existence de cette compétence concurrente suscite des questions importantes [18]. En réalité, elle a pour conséquence la duplication des coûts et de la durée de l'arbitrage [19], attendu qu'elle conduit à une nouvelle procédure susceptible d'appel[20]. En plus, la partie à qui la mesure est opposée peut se trouver, potentiellement, devant une juridiction étrangère de laquelle elle n'est pas la plus proche ni techniquement ni linguistiquement [21]. Par ailleurs, le chevauchement des compétences peut aboutir à l'engagement de procédures parallèles et, par suite, à un conflit de décisions. Par exemple, le refus de l'arbitre d'octroyer une mesure provisoire ou conservatoire n'empêcherait pas, en principe, la partie de refaire sa demande devant le juge étatique du siège de l'arbitrage[22].

---

affirmant que l'existence d'une clause compromissoire n'empêche pas les parties de saisir la juridiction allemande pour une demande de mesure provisoire ou conservatoire, v. J. POUDRET et S. BESSON, *op. cit.*, p. 532. Finalement, la doctrine majoritaire informe que c'est aussi le cas en Suisse, cf. P. LALIVE, J.-F. POUDRET et G. REYMOND, *Le Droit de l'arbitrage interne et international suisse*, Lausanne, Payot, 1989, p. 369.

[18] Pour avoir une étude complète sur le sujet, v. J. POUDRET et S. BESSON, *op. cit.*, p. 531/532 ; A. YESILIRMAK, *op. cit.*, p. 85-86.

[19] A. YESILIRMAK, *op. cit.*, p. 237.

[20] Le rapport publié en 2000 visait à étudier les domaines possibles de développement de travail en droit de l'arbitrage commercial international par la CNUDCI. Voir le rapport du Groupe de travail sur l'arbitrage, UN, *Working Group on Arbitration thirty-second session*, doc. A/CN.9/WG.II/WP.108, Vienne, 26 janvier 2000, p. 1-14, spéc. para. 76.

[21] Il faut se rappeler qu'en vertu du phénomène de la délocalisation du siège de l'arbitrage, les parties vont plutôt choisir le forum en fonction de sa neutralité et non en fonction de la proximité géographique, culturelle ou juridique avec le litige et les parties.

[22] E. GAILLARD et J. SAVAGE (éd.), *Fouchard Gaillard Goldman on International Commercial Arbitration*, La Haye, Kluwer Law International, 1999, p. 723, para. 1330. À cet égard, cf. G. B. BORN,

Finalement, cela conduit à l'interférence du juge étatique sur la solution au fond du litige, en ce sens que la mesure demandée requerra obligatoirement une évaluation, même si superficielle, des aspects substantiels du contentieux[23].

Au-delà de ces problématiques générales, ces compétences concurrentes engendrent des questions encore plus délicates au regard de l'hypothèse de ce livre – c'est-à-dire lorsque la partie veut faire exécuter la mesure provisoire ou conservatoire dans un pays autre que celui du siège de l'arbitrage. À l'aune du nombre réduit de législations attribuant compétence internationale au juge étatique local d'octroyer lui-même des mesures provisoires et conservatoires dans le cas où le siège n'est pas localisé sur son territoire[24], il ne serait pas raisonnable

---

*op. cit.*, p. 2011/2012 ; A. YESILIRMAK, *op. cit.*, p. 106/107, 193/194. V. aussi la sentence ICSID du 20 novembre 1984, cas n° ARB/81/1, 24 I.L.M. 1022, 1026-1027(1985), *Amco Asia Corp. V. Republic of Indonesia.*

[23] C'est justement le cas des mesures d'anticipation qui accordent une provision sur le montant de la créance demandée, v. T. CLAY, *op. cit.*, p. 16 ; E. JOLIVET, « L'expérience de la chambre de commerce internationale », in M. JACQUET et E. JOLIVET (éd.), *Les Mesures provisoires dans l'arbitrage commercial international : évolutions et innovations*, Paris Lexis, Nexis, 2007, p. 9-25, spéc. p. 44. M. CARRETEIRO précise que même au sein des mesures conservatoires il y a une évaluation superficielle du litige par le juge étatique, v. M. CARRETEIRO, *op. cit.*, p. 175.

[24] À partir de la recherche faite par l'auteur, ce sont seulement les Pays-Bas, le Portugal et Hong Kong qui permettent une telle situation. À cet égard, v. Article 1074 (2) du CPC hollandais de 1986 (*Burgerlijke Rechtsvordering*), dernier amendement en 2015, l'Article 29(1) de la loi portugaise d'arbitrage (Loi n° 63/2011) et l'Article 45(2) de la loi hongkongaise d'arbitrage (Loi Cap. 609/2011). À Singapour, les cours étatiques n'ont pas le pouvoir d'octroyer une mesure provisoire à l'appui d'une procédure d'arbitrage à l'étranger, v. K. LYE, C. YEO, Z. CHOO, « INTERIM MEASURES IN AID OF FOREIGN ARBITRATIONS : Time for the Deus Ex Machina? », *Singapore Academy of Law Journal* 2009, vol. 21, p. 429-456, spéc. p. 447. En Angleterre, l'intervention des

de saisir le juge du for du siège de l'arbitrage pour rendre une décision qui serait postérieurement exécutée dans un pays tiers. En effet, le juge dans cette situation se verrait difficilement reconnaître compétence puisqu'il serait très attentif au souci de souveraineté que cette demande pourrait produire, du fait de l'absence de lien étroit avec le forum saisi[25].

---

tribunaux de l'État n'est permise que si le siège est en Angleterre ou si le siège n'a pas été déterminé et s'il existe un lien approprié avec l'Angleterre, cf. Art. 2(1) et (4) 42 de la loi anglaise d'arbitrage (*English Arbitration Act*). La Cour suprême de l'Inde dans l'affaire *Bhatia* ainsi que dans plusieurs décisions de la Haute Cour a jugé que le tribunal peut ordonner des mesures provisoires lorsque le siège de l'arbitrage est en dehors de l'Inde. Cependant, certaines décisions ont un point de vue opposé, v. D. FAISAL, *Modernisation Of Arbitration Process Has Been Limited For The Scope Of The Arbitration Act 2001*, Laywe Monthly 2017 (https://www.lawyer-monthly.com/2017/11/modernisation-of-arbitration-process-has-been-limited-for-the-scope-of-the-arbitration-act-2001/#_ftn9, consulté le 14 mars 2018). Plus d'information sur ce sujet, v. le rapport du Groupe de travail sur l'arbitrage, UN, *Working Group II (Arbitration and Conciliation) thirty-sixth session*, doc. A/CN.9/WG.II/WP.119, New York, 30 janvier 2002, p. 1-33, spéc. para. 21.22 ; J. ZAMORA, « The Art of Interim Measures », in A. BERG (éd.), *International Arbitration 2006: Back to Basics?*, ICCA Congress Series, Le Haye, Kluwer Law International, 2007, vol. 13, p. 751-767, spéc. p. 758 ; A. YESILIRMAK, *op. cit.*, p. 80-82.

[25] À cet égard, v. Cour of Appel anglaise (Civil Division), 22 janvier 1992, *Channel Tunnel Group Ltd. And Another c/Balfour Beatty Construction Ltd. And Other* ; High Court, 3 septembre 1992, *Voest-Alpine Altiengessellschaft c/Ken-Ren Chemicals et Fertilièrs imited* ; S. R. BOND, « *La nature des mesures conservatoires et provisoires* », in I. SHIHATA et R. COULSON (dir.), *Mesures conservatoires et provisoires en matière d'arbitrage international*, Paris, Bull. de la Cour internationale d'arbitrage, ICC, 1992, p. 8-21, spéc. p. 1 ; A. YESILIRMAK, *op. cit.*, p. 47-112. Les discussions au tour des injonctions « Mareva » illustrent les difficultés sur le sujet. On sait que ce type de mesure est *in personam*, donc elle s'adresse au débiteur, indépendamment de savoir si ses biens se trouvent dans l'État saisi. Donc, on peut vérifier des hypothèses où le juge du siège

Pour autant, même si on se trouve face à un État qui attribue cette compétence internationale au juge, il est possible que ce dernier n'octroie pas les mesures conservatoires ou provisoires demandées au motif que les parties, en ayant accepté l'arbitrage, sont réputées avoir exclu la faculté pour les tribunaux d'intervenir dans le différend[26]. Toutefois, le tribunal arbitral n'a pas à avoir ces inquiétudes étant donné que c'est justement son absence de pouvoir *imperium* et son détachement des ordres étatiques qui lui permettent d'ordonner des mesures aux parties ou à des biens localisés en dehors du territoire du siège de l'arbitrage[27].

---

de l'arbitrage a demandé d'octroyer tel type de mesure qui aura des effets extraterritoriaux, notamment lorsque les biens du débiteur se trouvent dans d'autres juridictions. Dans ce cas de figure, la compétence de ce juge peut être mise en doute, en fonction d'absence d'un lien étroit avec le litige. Cette discussion a été adressée au sein des Règlements européens Bruxelles I et Bruxelles I bis, v. CJCE 17 novembre 1998, *Van Uden Maritime BV Deco-Line*, *Rev. arb.* 1999, p. 152, note H. GAUDEMET-TALLON. Il faut mentionner que le domaine d'application des Articles 24 de la Convention de Bruxelles, 31 du Règlement de Bruxelles et 35 du Règlement de Bruxelles I bis n'exige pas que le juge étatique saisi soit le juge du siège de l'arbitrage, en déterminant seulement que le litige ait un lien de rattachement étroit avec la juridiction saisie, par l'application du raisonnement de l'arrêt *Van Uden*. Néanmoins, ces articles n'imposent pas une règle de compétence, en se limitant à renvoyer au droit national de chaque État contractant le chef de compétence en question. Donc, on constate qu'en dehors du territoire du siège de l'arbitrage un juge étatique se verra difficilement compétent, sauf les cas exceptionnels où la législation nationale attribue au juge étatique telle compétence internationale.

[26] C'est le cas à Hong Kong, cf. N. KAPLAN et R. MORGAN, « *National report for Hong Kong* », in J. PAULSSON, Jan (éd.), *International handbook on commercial arbitration*, La Haye, Kluwer Law International, 1999, p. 56. Cf. le rapport du Groupe de travail sur l'arbitrage, UN, *Working Group on Arbitration thirty-second session*, doc. A/CN.9/WG.II/WP.108, Vienne, 26 janvier 2000, para. 18.

[27] S. R. BOND, *op. cit.*, p. 15.

Par conséquent, il convient de favoriser sur l'hypothèse selon laquelle la compétence de l'arbitre prime sur celle du juge étatique, sauf en cas de situations spécifiques comportant une limitation naturelle à la compétence de l'arbitre pour apprécier la mesure en l'espèce[28]. On peut mentionner à cet égard le cas où la mesure sollicitée est hors du pouvoir du tribunal arbitral[29] (i), le cas où elle vise des tiers non liés par la convention d'arbitrage[30] (ii) et celui d'une situation d'extrême urgence dans laquelle le tribunal arbitral ne serait pas en mesure de rendre une décision à temps [31] (iii). Appelée « compétence

---

[28] Pour plus d'informations sur les limites du pouvoir de l'arbitre en matière de mesures provisoires et conservatoires, le rapport du Groupe de travail sur l'arbitrage, UN, *Working Group II (Arbitration and Conciliation) thirty-sixth session*, doc. A/CN.9/WG.II/WP.119, New York, 30 janvier 2002, p. 1-33, spéc. para. 32 et 33.

[29] À cet égard, on peut mentionner l'hypothèse dans laquelle la *lex diligentiae* interdit à l'arbitre de rendre certains types de mesures provisoires ou conservatoires. En France, il résulte de l'Article 1458 du CPC français que le juge étatique est en principe incompétent pour statuer en matière de mesures provisoires et conservatoires au sein d'un arbitrage international, à l'exception des cas où la mesure demandée vise des saisies conservatoires et sûretés judiciaires. Cf. A. LACABARATS, « Les mesures provisoires demandées au juge français en matière d'arbitrage international », in J.-M. JACQUET et E. JOLIVET (éd.), *Les Mesures provisoires dans l'arbitrage commercial international : évolutions et innovations*, Paris, Lexis Nexis, 2007, p. 3-8, spéc. p. 3.

[30] C. SERAGLINI et J. ORTSCHEIDT, *op. cit.*, p. 776 ; J.-B. RACINE, 2016, *op. cit.*, p. 467.

[31] Par exemple, lorsque le tribunal arbitral n'est pas encore constitué. La loi d'arbitrage anglaise permet au juge étatique d'intervenir, même en présence d'une convention d'arbitrage, si l'urgence ne permet pas à l'arbitre d'ordonner une mesure capable de préserver les éléments de preuve ou les biens des parties. En ce sens, cf. les Articles 44(3), (4), (5) de l'*Arbitration Act 1996* ; M. ALI-BAHMAEIM, *op. cit.*, p. 146/147. Le règlement d'arbitrage de la LCIA de 2020 et de la CCI de 2021 consacre aussi le principe de la compétence subsidiaire selon les Articles 25.3 et 28.2, respectivement. Cette limitation est très

subsidiaire », celle-ci est présente dans plusieurs législations nationales et régulations [32] et permet la protection de la volonté des parties de soustraire leur contentieux des juridictions étatiques, évitant ainsi les difficultés évoquées ci-dessus.

Néanmoins, pour que l'arbitre puisse, en principe, se voir prioritairement reconnaître compétence pour octroyer les mesures provisoires et conservatoires, il est indispensable de mettre en place des mécanismes capables d'assurer l'exécution de ces décisions, surtout dans les pays autres que celui du siège de l'arbitrage. Cette problématique sera l'objet principal de l'analyse de cet ouvrage. Cependant, avant de retracer le cadre conceptuel général de ce livre, il convient d'indiquer, dans un premier temps, que le tribunal arbitral possède des techniques de sanction du non-respect de sa décision, capables d'éviter

---

utilisée aussi vis-à-vis de la mesure qui est demandée avant la constitution du tribunal arbitral, en donnant compétence au juge étatique d'apprécier telle demande. Cf. aussi l'Article 22-A de la loi brésilienne d'arbitrage. Il existe néanmoins des possibilités offertes par certaines institutions d'arbitrage de saisir un arbitre d'urgence, v. E. LOQUIN, « L'arbitre d'urgence, un objet juridique non identifié », *Rev. int. dr. proc.* 2012, p. 261 et s., spéc. p. 261 ; Article 29 du règlement d'arbitrage CCI.

[32] L'Article 1022(2) et 1022(3) du CPC néerlandais permet aux parties de saisir le juge étatique seulement quand le tribunal arbitral ne peut pas octroyer la mesure à temps, v. B. BEND et S. VERMEULEN, « The Netherlands », in *The European, Middle Eastern and African Arbitration Review*, GAR, 2015, p. 6-11, spéc. p. 7. Dans le même sens, la loi hongkongaise d'arbitrage établit que les parties peuvent saisir soit le tribunal arbitral, soit le juge étatique d'une demande de mesure provisoire ou conservatoire, mais que la Cour étatique peut ne pas rendre une telle mesure dans les cas envisagés dans la s. 47(4), v. A. LEES et S. MORGAN, *Hong Kong*, Global Arbitration Review, 2016 (https://globalarbitrationreview.com/jurisdiction/1003158/hong-kong, consulté le 21 mars 2018).

la mise en œuvre d'une telle exécution forcée de la demande provisoire.

## II- Les sanctions en cas de non-respect de la décision de l'arbitre : mécanisme en faveur de l'exécution spontanée de la décision par les parties

Dans la majorité des cas, les parties respectent la décision prononcée par l'arbitre à titre provisoire, car « il n'est pas toujours de bonne stratégie juridictionnelle de contester la décision provisoire de celui qui va ensuite statuer au fond[33] ». En tout cas, le tribunal arbitral est investi du pouvoir de sanctionner les parties en cas de non-respect de la mesure rendue, ce qui permet *in fine* d'en assurer l'exécution spontanée par les parties[34]. Quant aux mécanismes pouvant être mis en place par l'arbitre afin d'encourager ces dernières à respecter volontairement sa décision, il convient de noter qu'un nombre significatif de législations nationales permet d'assortir la mesure d'une astreinte pour renforcer l'efficacité de la mesure[35].

---

[33] T. CLAY, *op. cit.*, p. 16/17.

[34] Certains auteurs croient que l'astreinte est une sorte de pouvoir de contrainte et, ainsi, n'est pas à disposition de l'arbitre. Pour plus d'informations sur ce débat, v. D. CHEKROUN, « L'imperium de l'arbitre », in R. SÈVE, *L'Arbitrage : Archives de philosophie du droit*, Paris, Dalloz, 2009, vol. 52, p. 136-180, spéc. p. 160.

[35] C'est notamment le cas en France, v. Article 1468 du CPC ; Paris, 7 octobre 2004, *Rev. arb.* 2004, p. 982 ; J.-B. RACINE, 2016, *op. cit.*, p. 470 ; C. SERAGLINI et J. ORTSCHEIDT, *op. cit.*, p. 776 ; aux Pays-Bas, v. Art. 1056 du CPC ; en Belgique, v. Art. 1700, § 4 du Code judiciaire belge (Code 10 octobre 1967). Au Brésil, il n'y a pas de prévision législative expresse à cet égard, mais une partie de la doctrine considère que le tribunal arbitral a pouvoir d'assortir une mesure à titre provisoire d'astreinte. Cf. C. DINAMARCO, *A arbitragem na teoria geral do processo*, São Paulo, Malheiros, 2013, p. 228 ; M. CARRETEIRO, *op. cit.*, p. 264. Néanmoins, l'imposition d'astreinte peut poser des problèmes d'exécution d'une telle décision, lorsque les parties n'ont pas attribué expressément cette compétence

Par ailleurs, si une des parties désobéit à une demande de production ou de préservation de preuve, le tribunal arbitral peut rendre des inférences défavorables, en faisant présumer que la preuve en question était contraire aux intérêts de cette partie[36]. Il est bien à noter, pourtant, que l'application de ce mécanisme doit se limiter à la matière de preuve au sein d'un arbitrage international. Il ne semble pas cohérent que la défense au fond de la partie non coopérative soit affectée pour une présomption défavorable des arbitres – en particulier, lorsqu'elle rejette une décision de maintien de l'exécution du contrat jusqu'à

---

aux arbitres ou si le pays où l'exécution est envisagée n'autorise pas clairement cette possibilité. À cet égard, v. G. B. BORN, *op. cit.*, p. 1968 ; G. KAUFMANN-KOHLER et B. STUCKI (éd.), *International Arbitration in Switzerland – A Handbook for Practitioners*, La Haye, Kluwer Law International, 2004, p. 77 ; P. MAYER, « Imperium de l'arbitre et mesures provisoires », in J. HALDY, J.-M. RAPP et P. FERRARI (éd.), *Études de procédures et de l'arbitrage en l'honneur de Jean-François Poudret*, Lausanne, Faculté de droit de l'Université de Lausanne, 1999, p. 442-443 ; A. YESILIRMAK, *op. cit.*, p. 241 ; G. B. BORN, *op. cit.*, p. 1968.

[36] Les règles de l'IBA (*International Bar Association*) sur l'administration de la preuve dans l'arbitrage international de 2010 prévoient ce type de mécanisme en leur Article 9.5. Récemment, la Cour d'appel de Paris a rendu un arrêt qui a confirmé l'application d'une présomption défavorable par un Tribunal arbitral à partir du refus de production de preuve, v. Cour d'appel, Paris, Pôle 1, chambre 1, 28 février 2017, n° 15/06036. Plus d'informations sur le thème, v. P. A. KARRER, « Interim Measures Issued by Arbitral Tribunals and the Courts: Less Theory, Please », in A. BERG (éd.), *International Arbitration and National Courts: The Never Ending Story*, ICCA Congress Series, La Haye, Kluwer Law International, 2001, vol. 10, p. 97-110, spéc. p. 102 ; A. YESILIRMAK, *op. cit.*, p. 241 ; G. B. BORN, *op. cit.*, p. 242 ; J. LEW, « Commentary on Interim and Conservatory Measures », in *ICC Arbitration Cases*, Paris, Bull. CIA de la CCI, 2000, p. 23 et s., spéc. p. 23 ; G. B. BORN, *op. cit.*, p. 116 ; v. J. COE, *International Commercial Arbitration: American Principles and Practice in a Global Context*, New York, Transnational Publisher, 1997, p. 243.

ce que la sentence finale soit rendue. En fait, l'arbitre doit préserver son impartialité et son devoir d'agir équitablement en dépit de l'attitude irraisonnable manifestée par l'une des parties[37].

Finalement, il peut y avoir sanction au moment de l'allocation des coûts et de répartition de frais de l'arbitrage en vertu de la mise en œuvre des techniques dilatoires et des dommages subis par la contrepartie[38]. Or, on observe qu'avant d'envisager l'exécution forcée de la mesure provisoire ou conservatoire, le tribunal arbitral peut faire jouer les sanctions décrites ci-dessus pour assurer l'efficacité de sa décision.

## III- Le cadre conceptuel général de cet ouvrage

Nonobstant et à défaut d'accomplissement volontaire, existe-t-il des mécanismes de coopération entre la justice arbitrale et la justice étatique capables d'assurer l'exécution des mesures provisoires et conservatoires rendues par un tribunal arbitral situé à l'étranger ? Si tel est le cas, ceux-ci peuvent-ils répondre effectivement aux attentes des parties ?

Il existe tout de même deux types de mécanismes mis en place par certaines juridictions, capables d'assurer l'exécution des mesures arbitrales provisoires ou conservatoires dans un pays autre que celui du siège de l'arbitrage. À cet égard, ces mécanismes peuvent être divisés en deux catégories : d'une part, ceux qui adoptent un système d'exécution essentiellement identique à celui qui s'applique aux décisions sur le fond et, d'autre part, ceux qui considèrent les mesures à titre provisoire comme étant des ordonnances.

---

[37] G. B. BORN, *op. cit.*, p. 241.

[38] J.-B. RACINE, 2007, *op. cit.*, p. 116 ; P. A. KARRER, *op. cit.*, p. 102 ; A. YESILIRMAK, *op. cit.*, p. 241.

Le premier système – le système d'assimilation – est notamment celui adopté aux États-Unis, en Égypte, à Malte, aux Pays-Bas, en Écosse et aux Bermudes. Il s'oppose au système qualifié d'assistance au juge qui lui est entériné par les lois d'arbitrage hongkongaise, suisse, allemande et par la loi brésilienne. À travers une analyse comparée, on constatera que seulement l'un de ces deux systèmes permet d'assurer l'exécution de la mesure provisoire ou conservatoire de manière flexible, équitable et rapide.

L'originalité de cet ouvrage réside dans le fait que la matière ne fasse pas l'objet central d'une étude par la doctrine, ni des conventions internationales. Malgré les efforts de la Commission des Nations unies pour le droit commercial international (CNUDCI) pour changer cette réalité, en modifiant l'Article 17 de la Loi type CNUCDI en 2006, on observera que le système mis en place par ce texte ne résout pas de manière satisfaisante la problématique en question[39]. Cependant, celle-ci sera fréquemment mentionnée pendant l'ouvrage car plusieurs États l'ont adoptée intégralement et certaines de ses propositions répondent de manière efficace aux besoins spécifiques en la matière. Ainsi, il paraît opportun de mener une étude plus approfondie sur les enjeux pratiques de l'exécution des mesures provisoires et conservatoires rendue par un tribunal à l'étranger.

[39] La Loi type de la CNUDCI vise à traduire un consensus mondial sur les principes et les points importants de la pratique de l'arbitrage qui sont transposés aux législations nationales des États de toutes régions. La Commission a adopté le chapitre IV A sur les mesures provisoires et les injonctions préliminaires. Le chapitre IV A a conservé la substance des deux phrases de l'Article 17 initial et ajoute de nouvelles dispositions organisées en Articles 17 à 17 J. L'Article 17 H a eu comme but d'énoncer des normes régissant la force exécutoire des mesures provisoires ou conservatoires en visant à aider les juridictions étatiques à évaluer l'effet de ces mesures.

Le livre a été basé sur les analyses des principaux ouvrages doctrinaux et principaux cas internationaux, aussi bien que sur la lecture critique des plus importants règlements d'arbitrage et lois nationales. Il est intéressant de faire un tour d'horizon des discussions sur ce domaine, en proposant une possible ouverture des systèmes légaux nationaux à l'une des solutions présentées.

Vu qu'il existe des mécanismes capables d'assurer l'exécution de la mesure provisoire ou conservatoire de manière flexible, équitable et rapide, la matière des mesures provisoires et conservatoires ne mettra plus en échec l'efficacité de l'arbitrage international comme moyen de règlement des litiges commerciaux – il s'agira d'un système complet, passant notamment par la coopération avec la juridiction étatique.

Par conséquent, l'arbitre saisi d'une demande de mesure provisoire ou conservatoire devra envisager d'utiliser soit le système d'assimilation (I), soit le système d'assistance au juge pour exécuter de manière forcée sa mesure provisoire ou conservatoire (II).

# TITRE I – SYSTÈME D'ASSIMILATION : LE RECOURS AU BÉNÉFICE DE LA FORCE EXÉCUTOIRE D'UNE SENTENCE

Le système d'assimilation vise à traiter les mesures provisoires et conservatoires comme une sentence arbitrale étrangère, en la faisant objet d'une procédure d'exequatur pour qu'elle puisse produire ses effets sur le territoire d'un autre État que celui du siège de l'arbitrage. Le juge étatique saisi de cette demande ne pourra pas réviser le contenu de la sentence, ni la modifier – il pourra simplement vérifier que les conditions de reconnaissances ont été remplies dans le cas en question.

Ce recours au mécanisme d'incorporation peut être adopté par l'arbitre lorsqu'il est face à deux hypothèses différentes. Premièrement, il peut y recourir dans le cas où la *lex diligentiae* (ci-après dénommée la loi du lieu où se cherche à exécuter la mesure à titre provisoire) ne prévoie pas des stipulations spécifiques sur l'exécution de mesures provisoires, ne fournissant alors qu'un système général d'exécution de sentences étrangère [40]. Deuxièmement, l'arbitre pourra faire appel au mécanisme d'incorporation lorsque la *lex diligentiae* déterminera expressément que la décision du tribunal arbitral doit être incorporée ou assimilée à une sentence arbitrale[41].

---

[40] La loi américaine d'arbitrage (*The Federal Arbitration Act*) est un exemple de législation qui reste silencieuse sur la matière. L'Article 9 de ce texte informe sur la procédure de confirmation de la sentence, mais n'édicte pas de règles sur l'exécution de mesures provisoires et conservatoires. Dans ce même sens, la loi française d'arbitrage informe seulement dans l'Article 1468 du Code de procédure civile que le tribunal arbitral peut ordonner aux parties, dans les conditions qu'il détermine et au besoin à peine d'astreinte, toute mesure conservatoire ou provisoire qu'il juge opportune, mais ne prévoit aucune disposition sur le mécanisme d'exécution de cette décision.

[41] Par une loi du 24 juin 2013, le législateur fédéral belge a profondément réformé le droit belge de l'arbitrage, en s'inspirant

Dans cette dernière hypothèse, on constate que le juge étatique saisi soumettra la mesure assimilée au régime général régissant l'exécution de toutes les sentences arbitrales. Toutefois, lorsqu'il s'agit d'une juridiction qui n'a pas fait un choix explicite au profit du système d'exécution par assimilation, il est possible de voir surgir de véritables épreuves à la mise en place de ce mécanisme.

De ce fait, avant d'envisager les conséquences de l'exécution des mesures provisoires et conservatoires sous forme de sentence (Section II), nous tâcherons de cerner les obstacles à la mise en œuvre de ce système (Section I).

## Section I – Les obstacles à l'effectivité du mécanisme d'assimilation dans le cadre d'un arbitrage international

« La réponse à la question de savoir si les mesures provisoires ou conservatoires octroyées par des tribunaux arbitraux à l'étranger sont exécutoires dépend de la forme dans laquelle la mesure en question est rendue[42]. » Du

---

largement de la Loi type de la CNUDCI. En fait, avant cette réforme, il était déjà admis, en Belgique, la possibilité d'exécuter des mesures provisoires ou conservatoires rendues par un tribunal arbitral par le biais de sentences « exequaturables ». Après la réforme, le législateur belge a adopté les Articles 17 H et 17 I sur l'exécution des mesures conservatoires et provisoires de la Loi type de la CNUDCI. Ainsi, une telle mesure est reconnue comme ayant force obligatoire et, sauf indication contraire du tribunal, est déclarée exécutoire par le tribunal de première instance, quel que soit le pays où elle a été prononcée, sauf pour les motifs de non-reconnaissance de l'Article 1697 (Art. 1696, § 1 du Code judiciaire) et les motifs de refus de la reconnaissance ou de la déclaration exécutoire d'une sentence arbitrale, tels que prévus à l'Article 1721 du Code judiciaire.

[42] R. MOREK, « Interim Measures in Arbitration Law and Practice in Central and Eastern Europe: The need for further harmonization », in Association for International Arbitration (éd.), *Interim Measures in International Commercial Arbitration*, Antwerpen, Maklu, 2007, p. 75-94, spéc. p. 88 (traduction libre).

point de vue du mécanisme d'assimilation, il ne subsiste aucun doute que les mesures octroyées par les tribunaux arbitraux prennent la forme d'une sentence.

Néanmoins, dans le cas où la juridiction saisie n'a pas expressément prévu la mise en place du système d'assimilation, le juge étatique devra d'abord interpréter la mesure afin de voir si elle correspond à la définition de sentence (§ 1). Si la réponse est positive, on observera que plusieurs exigences sont à satisfaire au moment de son élaboration et peuvent mettre en péril l'efficacité de ce mécanisme vis-à-vis des attentes des parties (§ 2).

### § 1. La définition de sentence vis-à-vis de la nature d'une mesure provisoire et conservatoire

L'origine juridique du terme « mesure provisoire » se trouve dans le droit romain formaliste du XV^e^ siècle qui fait apparaître quelques hypothèses de mesures provisoires pendant la période classique[43]. Initialement envisagée pour les questions de tutelle du pupille et la curatelle du prodigue, la définition du terme « provisoire » est toujours débattue aujourd'hui[44]. Une explication précise du terme se révèle être une mission difficile, du fait de la très grande diversité des mesures existantes d'une part, et de la variété des classifications attribuées par des juridictions étatiques[45] d'autre part. Il est à exclure de l'objectif de ce livre la distinction entre mesures provisoires et conservatoires[46], puisque celle-ci n'est pas toujours très

---

[43] L. MERLAND, *Recherches sur le provisoire en droit privé*, Aix-en-Provence, Presses universitaires d'Aix-Marseille, 01, p. 20.

[44] T. CLAY, *op. cit.*, p. 17 ; L. MERLAND, *op. cit.*, p. 2 et 8.

[45] S. R. BOND, *op. cit.*, p. 8.

[46] En France, certains auteurs informent que la mesure provisoire est celle qui ne dure qu'un temps, qui n'a aucune autorité sur le principal, autant que la mesure conservatoire se rapporte à son objet et a pour fonction de préserver un droit ou une situation. V. J.-B. RACINE,

nette selon les ordres juridiques et certaines mesures peuvent relever de plusieurs catégories[47].

Cependant, il faut préciser que les mesures provisoires ou conservatoires sont des mesures de protection qui visent à préserver les droits des parties avant que la décision finale sur le fond ne soit rendue[48]. On peut en distinguer trois types – celles qui visent à éviter un préjudice (i), celles qui visent à assurer l'exécution future de la sentence (ii) et, finalement, celles qui cherchent à

---

2016, *op. cit.*, 469 ; Ph. FOUCHARD, E. GAILLARD et B. GOLDMAN, *Traité de l'arbitrage commercial international*, Litec, Paris, 1996, p. 723. À cet égard, L. MERLAND informe que : « Le provisoire ne saurait se confondre totalement avec le conservatoire : le souci de conservation pourrait ne point être satisfait par des actes provisoires : en témoignent l'inscription d'une hypothèse ordinaire, la mise en demeure d'un débiteur ou la consolidation d'un bâtiment ; et le provisoire n'exprimerait pas toujours un souci de conservation, de sauvegarde d'intérêts menacés. Lorsque le préparatoire hypothèque le futur, il ne saurait être qualifié de provisoire ? » L. MERLAND, *op. cit.*, p. 26, note de bas de page n° 74. Selon G. LEVAL, « la mesure conservatoire est une mesure d'urgence prise pour la sauvegarde d'un droit ou d'une chose, alors que la mesure provisoire est la mesure prise pour la durée d'un procès afin de régler momentanément une situation urgente en attendant une décision définitive ». Alors que la mesure provisoire permet de régler la situation des parties dans l'attente de la sentence arbitrale, la mesure conservatoire permet à une partie à la procédure arbitrale de prendre certaines précautions en vue de garantir l'effectivité de la sentence à intervenir : G. LEVAL, « Le juge et l'arbitre : les mesures provisoires », in J. COMPERNOLLE et G. TARZIA (coord.), *Les Mesures provisoires en droit belge, français et italien*, Bruxelles, Bruylant, 1998, p. 423 et s., spéc. p. 423.

[47] À cet égard, G. LEVAL informe que les mesures comme mise sous scellés, séquestre, désignation d'un administrateur provisoire sont à la fois conservatoires et provisoires. G. LEVAL, *op. cit.*, p. 423.

[48] A. YESILIRMAK, *op. cit.*, p. 20-51 ; G. B. BORN, *op. cit.*, p. 3-4, 1944 ; F. EMARA, *op. cit.*, p. 10-11 ; C. KESSEDJIAN, « Définitions et conditions de l'octroi de mesures provisoires », in M. JACQUET et E. JOLIVET (éd.), *Les Mesures provisoires dans l'arbitrage commercial international : évolutions et innovations*, Lexis Nexis, Paris, 2007, p. 73-90, spéc. p. 73.

sauvegarder les preuves et à organiser leur administration[49] (iii).

À titre illustratif, on peut mentionner, respectivement, l'hypothèse du tribunal arbitral qui ordonne que des biens périssables soient vendus et que le produit de la vente soit confié à un tiers, celle du tribunal arbitral qui interdit de sortir d'un territoire des avoirs ou la chose faisant l'objet du litige, et enfin, l'hypothèse dans laquelle le tribunal arbitral demande la préservation des pièces afin d'en sauvegarder l'existence.

Le point commun entre tous les types de mesures à titre provisoire existantes est leur nature temporaire, périssable – énoncée par leur propre nom[50]. En d'autres mots, une telle décision n'ira jamais trancher le fond du litige de manière définitive. C'est justement en raison de cette caractéristique que le système d'assimilation peut porter atteinte à la définition classique de sentence arbitrale. Celle-ci, traditionnellement définie comme une décision tranchant de manière irrévocable tout ou partie du litige soumis aux arbitres[51], est assortie de l'autorité de chose

---

[49] V. le rapport du Groupe de travail sur l'arbitrage, UN, *Working Group II (Arbitration and Conciliation) thirty-sixth session*, doc. A/CN.9/WG.II/WP.119, New York, 30 janvier 2002, p. 1-33, spéc. para. 16, p. 6 ; T. CLAY, *op. cit.*, p. 13 ; S. R. BOND, *op. cit.*, p. 9 ; C. BRANSON, « Interim measures of protection in a changing international commercial arbitration world », *Croat. Arbit. Yearb.* 2002, p. 9 et s., spéc. p. 9.

[50] A. REDFERN informe qu'il y a au moins deux caractéristiques en commun : la première de la nature provisoire et la deuxième la situation d'urgence dans laquelle la demande d'une telle mesure est à éviter : D. A. REDFERN, « Arbitration and the Courts: Interim Measures of Protection – Is the Tide about to turn? », *Tex. Int'l L.J.* 1995, n° 30, p. 77-78.

[51] C. SERAGLINI et J. ORTSCHEIDT, *op. cit.*, p. 776 ; J.-B. RACINE, 2016, *op. cit.*, 465/466 ; F.-X. TRAIN, « Interprétation et application de la Convention de New York en France », in G. BERMANN, *Recognition and Enforcement of Foreign Arbitral Awards:* The Interpretation and Application of the New York

jugée dès qu'elle est rendue, ouvrant ainsi la possibilité de procéder à un exequatur pour qu'elle obtienne force exécutoire, aussi bien que voies des recours à la partie adverse[52].

Au-delà des enjeux de sa définition, ce sont les caractéristiques de la sentence arbitrale qui mettent en doute sa compatibilité avec les mesures à titre provisoire. En principe, la mesure à titre provisoire est par nature une simple ordonnance qui peut être révoquée, suspendue, annulée à tout moment par l'arbitre.

Ainsi, face au silence de la législation nationale, le juge étatique d'un pays signataire de la Convention de New York (CNY ou « La Convention » du 31 décembre 1958) devra vérifier la compatibilité de la mesure provisoire assimilée avec le champ d'application de ce texte[53]. Or, on étudiera d'abord les discussions théoriques sur ce sujet (A), pour ensuite vérifier l'acceptabilité de ce système en droit comparé (B).

---

Convention by National Courts, Cham, Springer, 2017, p. 281-316, spéc. p. 283 ; G. BERMANN, « *Recognition and Enforcement of Foreign Arbitral Awards:* The Interpretation and Application of the New York Convention by National Courts », in G. BERMANN, *Recognition and Enforcement of Foreign Arbitral Awards:* The Interpretation and Application of the New York Convention by National Courts, Cham, Springer, 2017, p. 281-316, spéc. p. 10; M. AUDIT, S. BOLLÉE et P. CALLE, *Droit du commerce international et des investissements étrangers*, 2e éd., Issy-les-Moulineaux, LGDJ, 2016, p. 726/727.

[52] A. BROTÓNS, « La reconnaissance et l'exécution des sentences arbitrales étrangères », *Recueil des cours*, Académie de droit international de La Haye, 1984, vol. 184, p. 169-194, spéc. p. 169.

[53] Dans les États n'ayant pas encore ratifié la Convention, la procédure d'exécution doit s'opérer selon les règles des procédures locales, hypothèse à exclure ici en face de l'exceptionnalité de cette situation actuellement.

### *(A) La compatibilité de la CNY avec la fonction et la nature des mesures provisoires rendues sous forme de sentences*

L'arbitrage est le mécanisme de résolution des conflits le plus utilisé dans le commerce international. Cela est devenu possible suite à l'entrée en vigueur de la CNY et la sécurité juridique qu'elle apporte aux parties. Ce texte prévoit des règles uniformes et internationalement acceptées, visant à assurer la reconnaissance et l'exécution des sentences arbitrales étrangères – notamment dans d'autres États que ceux dans lesquels elles ont été rendues. Avec 170 pays signataires, il s'agit de la convention sur l'arbitrage la plus importante en vigueur actuellement.

Les mesures prononcées à titre provisoire ne relèvent pas expressément du champ d'application de la CNY. En effet, lorsque la juridiction de l'État saisi ne prévoit pas des règles ou définitions spécifiques sur l'exécution d'une mesure, il faudra que le juge national vérifie la compatibilité de la nature de ce type de décision avec la définition de sentence envisagée par ce texte. Parce que la Convention est silencieuse sur le sujet, il existe un grand débat doctrinal et jurisprudentiel sur une telle compatibilité[54].

D'une part, il est possible d'assortir des conclusions allant à l'encontre de l'application de la Convention à cette matière[55]. Il est raisonnable de soutenir qu'une

---

[54] F. KNOEPFLER, « Les mesures provisoires peuvent-elles être rendues sous forme de sentence arbitrale ? », in P.-H. Bolle (éd.), *Mélange en l'honneur de Henri-Robert Schupbach*, Zurich, Helbing & Lichtenhahn, 2000, p. 278 et s., spéc. p. 278 ; J.-B. RACINE, 2007, *op. cit.*, p. 119 ; F. EMARA, *op. cit.*, p. 355 ; M. ALI-BAHMAEIM, *op. cit.*, p. 243.

[55] Pour les arguments contre l'applicabilité de la Convention, v. M. ALI-BAHMAEIM, *op. cit.*, p. 249 ; J.-B. RACINE, 2007, *op. cit.*, p. 117 ; A. BROTÓNS, *op. cit.*, p. 236 ; E. LOQUIN, « Rapport de

décision à titre provisoire ne serait pas conciliable avec l'Article V (1) (e) de la CNY, en ce sens qu'elle peut être révoquée par le tribunal arbitral à tout moment[56]. En outre, il semble impossible d'assurer le caractère obligatoire d'une mesure provisoire si le litige au fond peut encore être remis en cause par l'une des parties.

D'autre part, il y a aussi de fortes raisons de défendre la compatibilité de la mesure provisoire à la définition de sentence décrite par la CNY[57]. Premièrement, l'article I (2) semble consacrer une définition souple du terme « sentence », de sorte qu'il est cohérent de dire que le texte n'interdit pas l'inclusion de ce type de mesure dans son champ d'application[58]. Par ailleurs, il est possible de citer des décisions qui sont limitées dans le temps et qui sont qualifiées de sentences – par exemple, celle qui oblige une partie ayant souscrit une clause de non-

---

synthèse », in M. JACQUET et E. JOLIVET (éd.), *Les Mesures provisoires dans l'arbitrage commercial international : évolutions et innovations*, Paris, Lexis Nexis, 2007, p. 137-144, spéc. p. 141 ; A. BOSCH, *Provisional remedies in international commercial arbitration*, Berlin, Walter de Gruyter & Co, 1994, p. 292 ; P. TERCIER, « L'expérience de la Chambre de commerce internationale », in M. JACQUET et E. JOLIVET (éd.), *Les Mesures provisoires dans l'arbitrage commercial international : évolutions et innovations*, Paris, Lexis Nexis, Paris, 2007, p. 47-72, spéc. p. 55 ; J. POUDRET et S. BESSON, *op. cit.*, p. 546.

[56] Article V (1) (e) de la CNY précise que la reconnaissance et l'exécution d'une sentence peuvent être refusées lorsque la sentence « n'est pas encore devenue obligatoire pour les parties ou a été annulée ou suspendue par une autorité compétente du pays dans lequel, ou d'après la loi duquel, la sentence a été rendue ».

[57] Pour les opinions à faveur de l'application de la CNY, v. A. YESILIRMAK, *op. cit.*, p. 363.

[58] Para. 2 de l'Article I informe que « entend par sentences arbitrales non seulement les sentences rendues par les arbitres nommés pour des cas déterminés, mais également celles qui sont rendues par des organes d'arbitrages permanents auxquels les parties se sont soumises ».

concurrence pour une certaine durée, à cesser les comportements concurrents concernés pendant cette période. Par ailleurs, il est à signaler qu'une mesure à titre provisoire est contraignante pour les parties – soit parce que ces dernières ont explicitement accepté le caractère obligatoire de la sentence, soit parce que le pouvoir de l'accorder est dévolu au tribunal arbitral. Enfin, du fait que la Convention vise à faire avancer le commerce international par l'élargissement de l'effectivité de l'arbitrage commercial, la création des barrières à l'exécution de ce type de décisions porterait atteinte à l'esprit de ce texte.

Cela étant dit, l'auteur considère en réalité que la Convention n'a pas été initialement rédigée pour viser les mesures à titre provisoire. Premièrement, la CNY est l'illustration d'une époque où les ordres juridiques n'attribuaient pas compétence à l'arbitre pour octroyer une telle mesure. En plus, il ne semble pas cohérent d'ouvrir des voies de recours pour une décision qui elle-même n'est pas définitive. Celle-ci, tout comme d'autres questions complexes telles que l'autorité de la chose jugée et l'absence des dispositions sur la constitution de garantie, démontre que la Convention n'est pas compatible avec la nature d'une mesure provisoire. Néanmoins, le caractère provisoire de la décision étatique n'a jamais empêché son exécution ; ainsi, par analogie, cette même caractéristique ne devrait pas non plus empêcher l'efficacité de la mesure ordonnée par l'arbitre[59].

En mettant de côté les discussions doctrinales, il convient de s'intéresser aux cas de la France et des États-Unis qui ne prévoient pas de réponses législatives relatives à l'applicabilité de la CNY en matière de mesures

[59] F. EMARA, *op. cit.*, p. 365.

provisoires[60]. Toutefois, celles-ci ont fait l'objet de jurisprudences dans ces pays qui méritent d'être analysées.

---

[60] Il faut mentionner que jusqu'en 2010 l'Australie ne prévoyait pas des réponses expresses quant à l'applicabilité de la CNY en matière de mesures provisoires. Toutefois, les tribunaux australiens avaient un pouvoir discrétionnaire résiduel de refuser d'exécuter les mesures à titre provisoire sous forme de sentences, à cause de l'affaire *Resort Condominiums*. Celle-ci était l'affaire la plus importante en la matière, car elle adressait explicitement la question. À cet égard, par un arrêt rendu le 29 octobre 1993, la Cour suprême du Queensland a nié l'exécution d'une mesure provisoire d'arbitrage en vertu de la Convention de New York. Il s'agissait des deux parties, *Ray Bolwell Resort Condominiums (Australasia) Pty. Ltd* qui ont conclu un contrat de licence avec *Resort Condominiums International Inc.* le 18 février 1986 en Australie, aux Fidji, en Nouvelle-Zélande et à Tahiti. Le contrat contenait une clause compromissoire au profit des règles d'arbitrage de l'AAA. Au cours de l'exécution du contrat, plusieurs différends ont été soulevés. *Resort Condominiums International* a fait une demande d'injonction auprès de la Cour d'État de l'Indiana et a déposé une demande d'arbitrage. L'ordonnance d'injonction temporaire de la Cour prohibait *Resort Condominiums International* d'exercer des activités relatives au contrat telles que la conclusion de contrat avec d'autres sociétés ou de violer les termes du contrat de licence jusqu'à ce que l'arbitre prononce une sentence finale. Le 16 juillet 1993, l'arbitre a rendu une mesure à titre provisoire sous forme de sentence contenant plusieurs termes de la mesure ordonnée le 14 juillet par le juge américain. Celle-ci a été rendue, car *Resort Condominiums International* visait à la faire exécuter devant la Cour suprême de Queensland. À cet égard, le juge Lee, juge à la Cour suprême du Queensland, a refusé l'exequatur de cette sentence au motif qu'elle n'était pas une sentence au sens de la CNY. Actuellement, l'*International Arbitration Amendment Act 2010*, modifiant l'*International Arbitration Act 1974*, est entré en vigueur en Australie le 6 juillet 2010. Cette loi a adopté les dernières modifications de la Loi type de la CNUDCI, en solutionnant le silence de la législation antérieure sur la matière et en supprimant l'apport jurisprudentiel de l'affaire *Resort Condominiums.* La modification législative sera analysée prochainement. Pour plus d'information sur l'affaire, v. Cour suprême du Queensland, 29 octobre 1993, *RCI* 1995, Yearbook of Commercial Arbitration, p. 628 ; note F. EMARA, *op.*

*(1) France :*

L'Article 1468 du Code de procédure civil français indique seulement que le tribunal arbitral peut ordonner aux parties, dans les conditions qu'il détermine et au besoin à peine d'astreinte, toutes mesures conservatoires ou provisoires qu'il juge opportunes. Cependant, il ne prévoit aucune disposition sur le mécanisme d'exécution de ces mesures[61]. En ce sens, l'incorporation de la mesure à titre provisoire sous forme de sentence semblait incompatible avec la définition introduite par la Cour d'appel de Paris dans son arrêt *Sardisud* du 25 mars 1994[62].

Selon cette décision, « les actes des arbitres qui tranchent de manière définitive, en tout ou en partie, le litige qui leur est soumis, que ce soit sur le fond, sur la compétence ou sur un moyen de procédure qui les conduit à mettre fin à l'instance » sont de véritables sentences arbitrales [63]. Une ordonnance décidant d'une mesure provisoire ou conservatoire ne pourrait pas être qualifiée

---

*cit.*, p. 361 ; M. ALI-BAHMAEIM, *op. cit.*, p. 243-246 ; J.-B. RACINE, 2007, *op. cit.*, p. 119 ; D. LEW *et al.*, *op. cit.*, p. 612.

[61] L'Article 1468 du Code de procédure civile français détermine que : « Le tribunal arbitral peut ordonner aux parties, dans les conditions qu'il détermine et au besoin à peine d'astreinte, toute mesure conservatoire ou provisoire qu'il juge opportune. Toutefois, la juridiction de l'État est seule compétente pour ordonner des saisies conservatoires et sûretés judiciaires. Le tribunal arbitral peut modifier ou compléter la mesure provisoire ou conservatoire qu'il a ordonnée. »

[62] Cour d'appel de Paris, 1re Chambre C, 25 mars 1994, *Rev. arb.* 1994.391, note Ch. JARROSSON ; F.-X. TRAIN, *op. cit.*, p. 283 ; C. KESSEDJIAN, *op. cit.*, p. 77 ; M. AUDIT, S. BOLLÉE et P. CALLE, *op. cit.*, p. 726/727 ; J.-B. RACINE, 2007, *op. cit.*, p. 123, note de bas de page n° 43.

[63] Cour d'appel de Paris, 1re Chambre C, 25 mars 1994, *Rev. arb.* 1994, p. 391, note C. JARROSSON.

comme cela à cause de sa nature temporaire – cela reviendrait à autoriser un recours à l'encontre de la décision provisoire et permettre d'initier une procédure d'exécution[64].

Néanmoins, dans l'arrêt *Otor* du 7 octobre 2004[65], la Cour d'appel de Paris semble avoir modifié son avis sur cette matière, en soulignant que la mesure conservatoire rendue sous forme de sentence pouvait faire l'objet d'un recours en annulation, puisque « la limitation des mesures ordonnées à la durée de l'instance ne [remet] pas en cause l'autorité de la chose jugée de sa décision[66] ». En l'espèce, le tribunal arbitral, après la demande de mesure provisoire par des sociétés *Carlyle*, a rendu une mesure à titre provisoire assimilée, en imposant des candidats pour la composition du conseil d'administration. La Cour a répondu dans l'intérêt des parties à une situation d'urgence, permettant l'obtention de l'exequatur de sorte à favoriser l'efficacité de l'arbitrage.

Pourtant, la portée de cette jurisprudence est limitée aux situations dans lesquelles les parties ne sont pas opposées au choix de l'arbitre de rendre une mesure provisoire sous forme de sentence[67]. Que se passerait-il dans le cas contraire ?

---

[64] V. Cour d'appel de Paris, 7 octobre 2004, *Rev. arb.* 2005, p. 737, note E. JEULAND ; C. KESSEDJIAN, *op. cit.*, p. 77 ; T. CLAY, *op. cit.*, p. 17. M. AUDIT, S. BOLLÉE et P. CALLE, *op. cit.*, p. 727 ; J.-B. RACINE, 2007, *op. cit.*, p. 123, note de bas de page n° 43.

[65] Cour d'appel de Paris, 1re Chambre C, 7 octobre 2004, *Otor Participations et autres c/Carlyle* ; JDI n° 2/2005, p. 341, note A. MOURRE et P. PEDONE ; J. POUDRET et S. BESSON, *op. cit.*, p. 541.

[66] Cour d'appel de Paris, 1re Chambre C, 25 mars 1994, *Rev. arb.* 1994, p. 391, note C. JARROSSON.

[67] La Cour a décidé que « le tribunal arbitral s'est définitivement prononcé le 4 avril 2002 sur la demande de mesures conservatoires qui lui avait été présentée par les sociétés Carlyle, la limitation des mesures ordonnées à la durée de l'instance ne remettant pas en cause

La Cour de cassation semble rejeter l'assimilation d'une mesure provisoire ou conservatoire à une sentence[68], notamment eu égard à son arrêt du 2 octobre 2011[69]. Dans cet arrêt, la Cour reprend la définition de la Cour d'appel de Paris à l'occasion de l'arrêt *Sardisud* ; elle affirme que la décision ordonnant à une partie de consigner des fonds entre les mains du bâtonnier jusqu'à la signature d'une convention de séquestre ne constituait pas une véritable sentence susceptible de recours, car une décision ordonnant à une partie de consigner des fonds est perçue comme une mesure conservatoire ou provisoire. En effet, la dernière décision de la Cour de cassation renverse les effets de la jurisprudence *Otor*[70]. En 2002, la Cour de cassation avait jugé, en matière d'arbitrage interne, qu'une décision des arbitres ordonnant une expertise ainsi que des « mesures urgentes et provisoires, sans trancher tout ou partie du principal », ne pouvait pas faire l'objet d'un appel, indépendamment de la sentence sur le fond[71].

L'auteur F. TRAIN précise pourtant que cette jurisprudence de 2011 « ne devrait pas modifier les termes du débat » sur la volonté des arbitres de rendre une mesure à titre provisoire sous forme de sentence, car l'ordonnance

---

l'autorité de la chose jugée de sa décision, que les arbitres ont pu exprimer sous forme de sentence, choix de procédure auquel aucune des parties ne s'est opposée », v. M. AUDIT, S. BOLLÉE et P. CALLE, *op. cit.*, p. 727 ; J.-B. RACINE, 2007, *op. cit.*, p. 123, note de bas de page n° 43.

[68] J.-B. RACINE, 2007, *op. cit.*, p. 542 ; J. POUDRET et S. BESSON, *op. cit.*, p. 541.

[69] Cass. civ. 1re, 12 octobre 2011, n° 09-72439, *Sté Groupe Antoine Tabet c/République du Congo*, *Rev. CEFAREA* 2011, n° 16, p. 22, note J. BARBET.

[70] Cass. civ. 1re, 12 octobre 2011, n° 09-72439, *Sté Groupe Antoine Tabet c/République du Congo*, *Rev. CEFAREA* 2011, n° 16, p. 22, note J. BARBET.

[71] Cass. civ. 2e, 6 décembre 2001, *Rev. arb.* 2002, p. 697, note J. ORTSCHEIDT.

en question n'ajoutait pas aux obligations résultant de la sentence partielle antérieurement rendue par le tribunal arbitral en l'espèce[72].

Cependant, par l'arrêt du 9 mars 2021, la Cour d'appel de Paris a permis l'exécution d'une mesure à titre provisoire assimilée.

En effet, dans *Todini Costruzioni Generali S.P.A. v. l'Ukraine – State Road Agency of Ukraine – Ukravtodor*[73], la société Todini a demandé au tribunal arbitral d'octroyer une mesure à titre provisoire assimilée sur une sentence partielle, en ordonnant à Ukravtodor de lui payer les montants dont le *dispute board* avait fixé le paiement dans ses décisions. Le 26 juin 2018, le tribunal arbitral a rendu une sentence partielle ordonnant à Ukravtodor de payer à la société Todini ses sommes. Par déclaration du 25 septembre 2018, Ukravtodor a saisi la Cour d'appel de Paris d'un recours en annulation à l'encontre cette sentence partielle. La Cour d'appel a rejeté le recours en annulation et a condamné Ukravtodor à payer à la société Todini la somme de 50 000 euros.

Ainsi, le problème ne semble pas avoir été totalement résolu en France[74]. Certains auteurs concluent sur la possibilité de l'exécution[75]. D'autres non[76]. Ce raisonnement est-il le même que celui adopté par les tribunaux américains ?

---

[72] Cass. civ. 1re, 12 octobre 2011, Sté Groupe Antoine Tabet c/République du Congo, n° 09-72439, *Rev. arb.* 2012, note, p. 88-90, spéc. p. 88, F.-X. TRAIN. Cette sentence partielle ci-dessus mentionnée avait décidé que la société GAT devait ouvrir un compte séquestre et que la société pétrolière congolaise devrait y verser toute somme venant en excédant d'un certain montant fixé par les juridictions suisses, v. V. VEEDER, *op. cit.*, p. 269.

[73] Cour d'appel de Paris, 16e Chambre C, 9 mars 2021.

[74] J. POUDRET et S. BESSON, *op. cit.*, p. 542.

[75] C. SERAGLINI et J. ORTSCHEIDT, *op. cit.*, p. 776.

[76] J.-B. RACINE, 2007, *op. cit.*, p. 542 ; J. POUDRET et S. BESSON, *op. cit.*, p. 541.

*(2) États-Unis :*

Aux États-Unis comme en France, la loi américaine d'arbitrage (*The Federal Arbitration Act* – FAA) ne fournit aucune clarification sur le sujet, en ce sens qu'elle ne prévoit pas des règles spécifiques sur l'exécution de mesures à titre provisoire rendue par un tribunal arbitral. Cependant, les arrêts mentionnés ci-dessus conduisent à penser qu'une telle mesure pourrait être exécutée sous forme de sentence et donc, pourrait être reconnue à l'issue d'une procédure d'exequatur[77].

Dans l'arrêt *Sperry Int'l Trade, Inc. v. Government of Israel*[78], les parties ont conclu un contrat dans lequel *Sperry* devait construire un système de communication pour l'armée israélienne. En échange, Israël devait effectuer des paiements, mais qui étaient subordonnés à la réception d'une lettre de crédit irrévocable en sa faveur. Le projet a apparemment rencontré de grandes difficultés dès le départ. Ainsi, le 3 août 1981, *Sperry* a déposé auprès de l'Association américaine d'arbitrage (AAA) une demande d'arbitrage, en alléguant que le gouvernement avait entravé les tentatives de *Sperry* d'exécuter le contrat. Celle-ci a réclamé une déclaration selon laquelle le gouvernement avait violé le contrat, en demandant des dommages-intérêts d'environ 10 000 000 $. L'État d'Israël a nié les allégations de *Sperry* et a soumis onze demandes reconventionnelles.

---

[77] D. LEW *et al.*, *op. cit.*, p. 612 ; G. B. BORN, *op. cit.*, p. 2021-2023 ; L. BENTO et M. PENG, « Interim Measures: Arbitral Tribunals and Courts », in L. SHORE *et al.* (éd.), *International Arbitration in the United States*, La Haye, Kluwer Law International, 2017, p. 239-274, spéc. p. 251-253.

[78] Cour américaine du district sud de New York, 24 février 1984, 532 F.Sup.901 (S.D.N.Y.1982), v. T. KOJOVIC, *op. cit.*, p. 524-526 ; J. COE, *op. cit.*, p. 281 ; J. POUDRET et S. BESSON, *op. cit.*, p. 547.

Avant la constitution du tribunal arbitral, *Sperry* a demandé à la Cour américaine du district de New York d'ordonner à Israël de ne pas utiliser la lettre de crédit. Cette décision a été annulée en appel au motif que le requérant n'avait pas démontré un préjudice irréparable. Ensuite, *Sperry* a demandé l'octroi de cette mesure à titre provisoire aux arbitres. Le tribunal a émis une sentence ordonnant que les deux parties déposent sur un compte conjoint le produit de la lettre de crédit en attendant la résolution du litige au fond. Puis, *Sperry* a demandé au tribunal de confirmer cette décision arbitrale.

L'État d'Israël a protesté, entre autres, au motif que la sentence était une décision conservatoire et ne pouvait donc pas être confirmée. Le tribunal l'a, néanmoins, exécutée, en affirmant que, même si les arbitres n'avaient pas définitivement tranché la question de savoir quelle partie violait le contrat, ils avaient décidé sur l'exigibilité de la lettre de crédit, qualifiant ainsi cette question de problème séparable du litige au fond. De l'avis de la Cour, la décision finale dépendra des termes du contrat. En tant que question séparable, elle était clairement sujette à confirmation par le tribunal.

Or, on constate qu'une mesure à titre provisoire sera exécutée lorsqu'elle tranchera une question distincte de la controverse sur le fond [79]. Le caractère définitif de la mesure à titre provisoire n'est pas analysé dans le sens d'être une étape « intermédiaire » vers une fin ultérieure ; il s'agit plutôt d'une fin en soi car son but même est de

---

[79] L. BENTO et M. PENG, *op. cit.*, note de bas de page n° 61 ; C. BRANSON, « The Enforcement of Interim Measures of Protection Awards », in A. BERG (éd.), *International Commercial Arbitration: Important Contemporary Questions*, ICCA Congress Series, vol. 11, 2003, p. 163-178, spéc. p. 165 ; A. RAU, « Provisional Relief in Arbitration: How Things Stand in the United States », *Journal of International Arbitration* 2005, Kluwer Law International, vol. 22, n° 1, p. 1-64, spéc. p. 56.

clarifier les droits des parties durant la période « intérimaire », en attendant une décision finale sur le fond.

La conclusion de la Cour américaine du district de New York sur la possibilité d'exécuter une mesure provisoire sous forme de sentence a été confirmée par plusieurs décisions plus récentes [80]. Par exemple, dans l'affaire *Pacific Reinsurance c. Ohio Reinsurance* [81], la Cour d'appel du 5ᵉ Circuit a précisé que des ordonnances temporaires visant soit à préserver les actifs, soit à rendre une sentence finale potentielle plus efficace, « sont des sentences arbitrales finales qui peuvent faire l'objet de confirmation et d'exécution par les tribunaux de district en vertu de la FAA [82] ».

---

[80] À cet égard, v. Cour américaine du district ouest de Washington, 22 juillet 2021, WL 4295845, *T-Mobile USA Inc. v. Verity Wireless Inc.* ; Cour du district est de Michigan, Division sud, 7 juin 2009, *Hall Steel, Co. v. Metalloyd Ltd.* ; Cour d'appel du district de Columbia, 24 septembre 2002, App'x, 582 (D.C. Cir 2002), *Ace/Cleardefense, Inc. v. Clear Defense Inc.* ; Cour américaine du district nord d'Illinois, 27 décembre 1993, 37 F.3d 345, 347 (7th Cir. 1994), *Yasuda Fire & Marine Insurance v. Continental Casualty*, Cour américaine d'appel du 6ᵉ district, 20 janvier 1984, 729, F.2d 1046, 1049 (6th Cir. 1984), *Island Creek Coal Sales v. City of Gainesville*, Florida.

[81] Cour d'appel du 5ᵉ district, le 5 juin 1991, 935 F.2d 1019 (9th Cir. 1991), *Pacific Reinsurance Management Corporation v. Ohio Reinsurance Corporation.*

[82] La version en anglais : « *temporary equitable orders calculated to preserve assets or performance needed to make a potential final award more meaningful [...] are final orders that can be reviewed for confirmation and enforcement by district courts under the FA* », v. Cour d'appel du 5ᵉ district, le 5 juin 1991, 935 F.2d 1019 (9th Cir. 1991), *Pacific Reinsurance Management Corporation v. Ohio Reinsurance Corporation*, cf. C. BRANSON, 2003, *op. cit.*, p. 167 ; E. JARAMILLO, « Post-award Advocacy: The relationship between Interim and Final Award », in A. BERG (éd), *Arbitration Advocacy in Changing Times*, ICCA Congress Series, n° 15, La Haye, Kluwer Law International, 2001, p. 272 et s., spéc. p. 272 ; G. BENTON et R. KOCK, « The Android Wars: International Technology Arbitration

Ainsi, il semble y avoir deux tests non cumulatifs à remplir pour que la mesure à titre provisoire assimilée à une sentence soit exécutée aux États-Unis. Il faut d'abord vérifier si son non-respect peut aboutir à rendre la sentence finale inutile pour ensuite vérifier si la mesure résout une question indépendante distincte qui serait caractérisée par la demande des parties que les arbitres trancheraient séparément du litige au fond[83].

Cela étant dit, il ne faut pas rejeter ou accepter complètement la possibilité d'exécution d'une mesure provisoire en tant que sentence car il existe certaines lois étatiques qui tranchent cette dialectique portant sur l'applicabilité de la CNY en matière des mesures à titre provisoire.

### *(B) Une sentence limitée dans le temps : l'acceptation du système d'assimilation en droit comparé*

La deuxième hypothèse dans laquelle le recours au mécanisme d'incorporation peut être adopté par l'arbitre est celle dans laquelle la *lex diligentiae* le prévoit expressément, énonçant que la décision du tribunal arbitral doit être incorporée à une sentence arbitrale. Il est également possible que la *lex diligentiae* détermine que les motifs de refus de reconnaissance et d'exequatur, aussi bien que les voies de recours d'une sentence arbitrale sont applicables à la mesure à titre provisoire.

La présence d'une telle disposition s'inspire de l'esprit de la Loi type de la CNUDCI. Dans sa formulation de 1985, l'Article 17 de ce texte restait silencieux face au

---

in an Alternative Universe A case study of Apple v. Sansung », in A. ROVINE (éd.), *Contemporary Issues in International Arbitration and Mediation: The Fordham* Papers, La Haye, Brill Nijhoff, 2013, p. 337-379, spéc. p. 361.

[83] G. BENTON et R. KOCK, *op. cit.*, p. 361 ; E. JARAMILLO, *op. cit.*, p. 272.

système à mettre en place pour l'exécution d'une mesure à titre provisoire, prévoyant seulement le pouvoir des arbitres d'octroyer une telle décision[84]. En effet, plusieurs États, notamment les Bermudes, Écosse, Égypte et Malte ont décidé de reprendre cet article, en affirmant que la mesure octroyée devrait assumer la forme de sentence pour qu'elle puisse être exécutée dans leur territoire[85].

Bermudes : La loi d'arbitrage des Bermudes (*Bermuda International Conciliation and Arbitration Act 1993*) détermine que les dispositions présentes dans le Chapitre VIII sur l'exécution de sentences arbitrales sont directement applicables à l'exécution des mesures à titre provisoire, conformément à l'Article 26 de ce texte[86].

Écosse : L'Article 53 de la loi écossaise d'arbitrage (*Arbitration Scotland Act 2010*) informe que le tribunal arbitral peut prendre des mesures provisoires sous forme de sentence[87]. En ce sens, il est à noter que l'Article 11 (4) de ce texte éclaire que la nature finale et obligatoire d'une mesure provisoire est limitée au contenu de la

---

[84] Article 17 de la loi modèle de 1985 : « Pouvoir du tribunal arbitral d'ordonner des mesures provisoires. Sauf convention contraire des parties, le tribunal arbitral peut, à la demande d'une partie, ordonner à toute partie de prendre toute mesure provisoire ou conservatoire qu'il juge nécessaire en ce qui concerne l'objet du différend. Le tribunal arbitral peut, à ce titre, exiger de toute partie le versement d'une provision appropriée. »

[85] F.-B. WEIGAND (éd.), *Practitioner's Handbook on International Arbitration,* 2e éd., Oxford, Oxford University Press, 2009, p. 1029 ; F. EMARA, *op. cit.*, p. 362/362.

[86] La version en anglais : Art. 26 : « *Chapter VIII of the Model Law applies to an order by an arbitral tribunal under Article 17 of the Model Law requiring a party – (a) to take an interim measure of protection; or (b) to provide security in connection with a measure referred to in paragraph (a), as if any reference in that Chapter to an arbitral award or an award were a reference to such an order.* »

[87] La version en anglais : Article 53 : « *Provisional awards D – The tribunal may make a provisional award granting any relief on a provisional basis which it has the power to grant permanently.* »

mesure et jusqu'au moment où elle est suspendue par une sentence subséquente[88].

Malte : Similairement aux Bermudes, la loi maltaise d'arbitrage (*Malta Arbitration Act 2000*) prévoit que les dispositions présentes dans le Chapitre VIII sur l'exécution de sentences arbitrales sont directement applicables à l'exécution des mesures à titre provisoire, conformément à l'Article 62 de ce texte[89].

Égypte : Finalement, l'Article 42 de la loi égyptienne d'arbitrage (Loi n° 27/1994) détermine que le tribunal arbitral peut accorder des sentences provisoires ou partielles avant de rendre sa sentence arbitrale définitive. Ainsi, la mesure provisoire sous forme de sentence pourrait y être exécutée[90].

Néanmoins, certains pays ont choisi d'exclure la possibilité d'exécuter une mesure à titre provisoire sous forme de sentence – c'est le cas de la Croatie. La loi croate sur l'arbitrage, entrée en vigueur le 19 octobre 2001, a pour objectif principal de créer un texte moderne incorporant les principales caractéristiques de la Loi type (1985) et de la CNY. Néanmoins, son Article 2 (1) (8) précise que la définition de la sentence ne serait applicable qu'à la décision sur le fond du litige[91]. De façon similaire,

---

[88] La version en anglais : Article 11 (4) : « *This section does not apply in relation to a provisional award (see rule 53), such an award not being final and being binding only – (a) to the extent specified in the award, or (b) until it is superseded by a subsequent award.* »

[89] La version en anglais : Article 62 : « *Notwithstanding the provisions of article 59, Chapter VIII of the Model Law applies to orders by an arbitral tribunal made under Article 17 of the Model Law requiring a party – (a) to take an interim measure of protection; or(b) to provide security in connection with such a measure; as if any reference in that Chapter to an arbitral award or an award were a reference to such an order.* »

[90] F. EMARA, *op. cit.*, p. 366.

[91] R. MOREK, *op. cit.*, p. 83 ; A. UZELAC et T. NAGY, « Croatia », in C. LIEBSCHER et A. FREMUTH-WOLF, *Arbitration Law and Practice in Central and Eastern Europe*, New York, Huntington, 2006, p. CRO-54 et s., spéc. p. CRO-54.

il n'est pas possible d'exécuter une telle mesure sur forme de sentence en Suisse[92].

Le paradoxe de ce sujet étant démontré, la Loi type a été révisée par la CNUDCI en 2006 – cela a abouti à l'adoption du chapitre IV A sur les mesures provisoires et les injonctions préliminaires. Ce chapitre a conservé la substance des deux phrases initiales de l'Article 17 et a ajouté de nouvelles dispositions, des Articles 17 à 17 J. Nonobstant, la Commission a choisi de ne pas prendre position sur la question controversée de savoir si une mesure provisoire prononcée sous forme d'une sentence serait ou non exécutoire en vertu de la CNY. Reposant sur le principe d'indifférence de la forme[93], la CNUDCI a établi qu'il appartiendrait aux lois nationales applicables de décider de la qualification de la décision de l'arbitre[94]. Dans le but d'éviter de restreindre le pouvoir que le tribunal compétent pourrait avoir pour qualifier une telle ordonnance de sentence, ce nouveau texte précise qu'une mesure provisoire signifie toute mesure temporaire, « qu'elle prenne la forme d'une sentence ou une autre forme[95] […] ».

---

[92] B. BERGER et F. KELLERHALS, *op. cit.*, p. 230.

[93] J.-B. RACINE, 2007, *op. cit.*, p. 123 ; M. HOLTZMANN *et al.*, *A Guide to the 2006 Amendments to the UNCITRAL Model Law on International Commercial Arbitration: Legislative History and Commentary*, La Haye, Kluwer Law International, 2015, p. 159-586, spéc. p. 4/5.

[94] Cf. le rapport du Groupe de travail sur l'arbitrage, UN, *Report of the Working Group on Arbitration on the work of its thirty-sixth session*, doc. A/CN.9/508, New York, 12 avril 2002, p. 1-94, spéc. para. 68, p. 13 ; UN, *Settlement of commercial disputes Interim measures of protection*, doc. A/CN.9/WG.II/WP.131, Vienne, 26 juillet 2004, p. 1-73, spéc. para. 49, p. 2 ; UN, *Settlement of commercial disputes Interim measures of protection*, doc. A/CN.9/WG.II/WP.138, Vienne, 8 août 2005, p. 1-64, para. 8, p. 6.

[95] V. le rapport du Groupe de travail sur l'arbitrage, UN, *Report of the Working Group on Arbitration on the work of its thirty-sixth*

Malgré cette souplesse, certains pays et provinces qui ont récemment modifié leur loi d'arbitrage ont décidé de clarifier ce point – c'est notamment le cas des Pays-Bas et du Québec, qui ont respectivement révisé leur législation sur cette matière en 2015 et en 2016.

Pays-Bas : L'Article 1049 du Code de procédure prévoit expressément que : « Le tribunal arbitral peut rendre une sentence finale, une sentence finale partielle ou une sentence provisoire (traduction libre) ». En ce sens, ces sections sont justement celles relatives aux règles applicables à la reconnaissance et exécution de sentences arbitrales[96].

Québec : Dans la province canadienne du Québec, on peut présumer l'adoption du système d'assimilation[97], car l'Article 646 du Code de procédure civil (en vigueur depuis le 1er janvier 2016) prévoit les mêmes motifs de refus d'homologation ou d'annulation d'une sentence arbitrale à l'exécution de mesures provisoires[98]. En plus, il informe dans l'Article 647 qu'il doit faire l'objet d'homologation.

---

*session*, doc. A/CN.9/508, New York, 12 avril 2002, p. 1-94, spéc. para. 68, p. 13.

[96] La version en anglais : Art. 1049 « *The arbitral tribunal may render a final award, a partial final award, or an interim award.* » (Traduction libre.)

[97] À cet égard, v. F. EMARA, *op. cit.*, p. 362.

[98] L'Article 646 détermine que : « Le tribunal ne peut refuser l'homologation d'une sentence arbitrale ou d'une mesure provisionnelle ou de sauvegarde que si l'un des cas suivants est établi : 1° une partie n'avait pas la capacité pour conclure la convention d'arbitrage ; 2° la convention d'arbitrage est invalide en vertu de la loi choisie par les parties ou, à défaut d'indication à cet égard, en vertu de la loi du Québec ; 3° le mode de nomination d'un arbitre ou la procédure arbitrale applicable n'ont pas été respectés ; 4° la partie contre laquelle la sentence ou la mesure est invoquée n'a pas été dûment informée de la désignation d'un arbitre ou de la procédure arbitrale, ou il lui a été impossible pour une autre raison de faire valoir ses moyens ; 5° la sentence porte sur un différend qui n'était pas visé dans la convention d'arbitrage ou n'entrait pas dans ses prévisions, ou encore elle contient une conclusion qui en dépasse les termes, auquel cas, si celle-ci peut être dissociée des autres, elle

La décision de ces gouvernements de prévoir expressément la forme de la mesure provisoire résulte du fait que, dans certains systèmes juridiques, seules les sentences formelles et non les ordonnances procédurales sont soumises à un contrôle juridictionnel dans le cadre d'une exécution forcée. Si la loi en question autorisait la délivrance de mesures provisoires par d'autres moyens qu'une sentence arbitrale, la partie contre laquelle la mesure provisoire était demandée pourrait être privée des droits qu'elle aurait en vertu de la loi applicable – notamment pour contester la validité ou la force exécutoire de la sentence arbitrale[99].

Ainsi, on constate qu'il est possible d'exécuter une mesure à titre provisoire assimilée en droit comparé. Néanmoins, pour qu'une telle mesure ne soit véritablement qualifiée de sentence, l'arbitre doit faire respecter les exigences formelles requises par la loi applicable. Évidemment, une décision ne devient pas exécutoire du seul fait qu'elle est autoproclamée « sentence » disposant d'une « force exécutoire ».

## § 2. Les exigences à faire respecter par l'arbitre en élaborant une mesure provisoire sous forme de sentence

Avant d'étudier les réquisits pour constituer une mesure provisoire sous forme de sentence notamment au moment de son élaboration (A) et à l'occasion d'un examen de

---

seule n'est pas homologuée. Le tribunal ne peut refuser d'office l'homologation que s'il constate que l'objet du différend ne peut être réglé par arbitrage au Québec ou que la sentence ou la mesure est contraire à l'ordre public. »

[99] À cet égard, voir le rapport du Groupe de travail sur l'arbitrage, UN, *Report of the Working Group on Arbitration on the work of its thirty-sixth session*, doc. A/CN.9/508, New York, 12 avril 2002, p. 1-94, spéc. para. 67, p.12.

l'institution d'arbitrage (B), il faut d'abord se pencher sur certaines questions préalables.

Dans un premier temps, il convient de se demander si les règlements d'arbitrages ne poseraient pas des obstacles à l'octroi de mesures à titre provisoire sous forme de sentence pour, dans un second temps, s'intéresser à la loi applicable à la définition des exigences formelles de la sentence.

Les principaux règlements d'arbitrage – comme celui de la Chambre de commerce internationale (CCI), du Centre d'arbitrage international de Hong Kong (HKIAK), du Centre d'arbitrage international de Singapour (SIAC), de la Cour internationale d'arbitrage de Londres (LCIA), de la AAA, du Centre d'arbitrage international de Vienne (VIAC) et de l'Organisation mondiale de la propriété intellectuelle (OMPI) – attribuent à l'arbitre la liberté de choisir la forme de sa mesure à titre provisoire, à condition que le tribunal arbitral indique si elles sont prises sous forme d'ordonnance motivée ou de sentence, selon ce qu'il estime le plus adéquat[100].

Il est peu probable que les règlements d'arbitrage se constituent comme une barrière à la mise en place du système d'assimilation. En réalité, on constate une tendance dite de « libéralisme formel » selon laquelle l'arbitre doit avoir une liberté de choix de la forme de sa décision à titre provisoire[101]. Néanmoins, la qualification de la mesure à titre provisoire sera toujours subordonnée à la réceptivité de la juridiction saisie vis-à-vis du système d'assimilation. Le juge local est l'autorité responsable

[100] V. Article 23.3 du Règlement d'arbitrage du centre d'arbitrage international de Hong Kong (HKIAK) 2018 ; l'Article 28.1 du Règlement d'arbitrage CCI 2021 ; l'Article 25.1 du Règlement d'arbitrage LCIA 2020 ; l'Article 30.1 du Règlement d'arbitrage SIAC 2016 ; l'Article 37 (b) du Règlement d'arbitrage AAA 2013 ; l'Article 48 (c) du Règlement d'arbitrage OMPI 2021.

[101] F. EMARA, *op. cit.*, p. 287.

pour le contrôle de la décision pendant la procédure d'exequatur.

De ce fait, quelle loi va-t-il appliquer à la définition des exigences de la mesure assimilée ?

Le silence de la Loi type sur la forme de la sentence a renforcé l'importance de ce sujet. En effet, il est possible que des États ayant adopté la Loi type refusent l'exequatur à des mesures à titre provisoire qui n'auraient pas la forme de sentence au sens de leur *lex diligentiae*[102]. Succinctement, « même en qualifiant sa décision de sentence, l'arbitre s'expose à une éventuelle requalification de la part du juge[103] ».

En ce sens, une question semble se poser : la *lex diligentiae* serait-elle la loi applicable à la qualification de la forme de la mesure ?

La réponse ne semble pas évidente, car les règles de la CNY peuvent orienter vers une réponse différente. Cela peut être expliqué par son applicabilité aux sentences étrangères, autrement dit aux sentences rendues dans un État ou en vertu d'une loi de procédure autre que celle du lieu de reconnaissance et d'exécution[104]. Attendu que les motifs de non-reconnaissance et d'exécution d'une sentence sont majoritairement liés à la loi du pays dans lequel l'arbitrage a eu lieu, au sens de l'Article V de ce texte, certains auteurs considèrent qu'en réalité, c'est la *lex arbitri* qui est applicable à la qualification de la forme de la mesure à titre provisoire sous forme de sentence[105]. En effet, celle-ci retiendrait sa force exécutoire de la même manière qu'une sentence finale au fond – c'est-à-dire au moment où elle devient obligatoire pour les parties d'après

---

[102] F. EMARA, *op. cit.*, p. 367 ; C. KESSEDJIAN, *op. cit.*, p. 77.

[103] J.-B. RACINE, 2007, *op. cit.*, p. 125.

[104] V. E. JARAMILLO, *op. cit.*, p. 256.

[105] V. V. E. JARAMILLO, *op. cit.*, p. 256 ; T. KOJOVIC, *op. cit.*, p. 526-527.

la loi de laquelle la sentence a été rendue, conformément à l'Article V (1) (e) de la Convention.

En considérant la discussion ci-dessus, l'auteur considère que la solution la plus raisonnable est celle selon laquelle l'arbitre prend en compte non seulement les exigences de la *lex arbitri* au moment de l'élaboration de la mesure assimilée, mais également et principalement celles de la *lex diligentiae* [106]. Selon la doctrine dominante [107], il est très probable que la cour saisie applique son ensemble de règles pour réaliser la qualification de la sentence. Le groupe de travail de la CNUDCI a d'ailleurs confirmé cette tendance dans le rapport UN Doc A/CN.9/508, du 12 avril 2002, qui traite de la question de savoir si une ordonnance de mesures provisoires constitue ou non une sentence devant être réglée par le droit interne du for[108].

Ayant constaté que les règlements d'arbitrages ne posaient pas d'obstacles réels à l'octroi de mesures à titre provisoire sous forme de sentence, et ayant précisé les lois possiblement applicables à la qualification de la forme de la sentence, il sera présenté les réquisits à respecter par

---

[106] H. VERBIST *et al.*, *ICC Arbitration in Practice*, Kluwer Law International, 2015, p. 23-230, spéc. p. 175 ; G. B. BORN, *op. cit.*, p. 2444.

[107] F. EMARA, *op. cit.*, p. 367 ; J.-B. RACINE, 2007, *op. cit.*, p. 123/124 ; Cour d'appel, 1er juillet 1999, Brasoil v. GMRA, *Rev. arbitrage* 1999, p. 841-852, note C. JARROSSON. La Cour d'appel de Paris a déterminé que l'ordonnance émise par le tribunal arbitral en l'espèce pourrait être qualifiée de sentence selon l'application de la *lex diligentiae.* Il faut mentionner, pourtant, que la question du droit applicable à la qualification de sentence n'a pas été soulevée, que l'arbitrage avait lieu en France et que c'est en vertu du droit français que les parties se sont expliquées sur la question.

[108] V. le rapport du Groupe de travail sur l'arbitrage, UN, *Report of the Working Group on Arbitration on the work of its thirty-sixth session*, doc. A/CN.9/508, New York, 12 avril 2002, p. 1-94, spéc. para. 68, p. 13.

l'arbitre au moment de son élaboration (A) d'une part et à l'occasion d'un examen préalable de l'institution d'arbitrage (B) d'autre part.

### *(A) Les réquisits à respecter par l'arbitre au moment de l'élaboration de sa décision*

L'assimilation d'une mesure à titre provisoire sous forme de sentence est un sujet controversé, puisqu'il existe des différences remarquables entre le mode d'élaboration d'une sentence vis-à-vis d'une « ordonnance ». Normalement, cette dernière peut être rendue plus rapidement que la première, parce qu'elle fait l'objet d'un plus petit nombre de formalités à respecter. Néanmoins, en vertu de la nature du système d'assimilation, la mesure sous forme de sentence doit suivre les mêmes exigences qu'une décision tranchant définitivement le fond du litige.

La CNY n'impose pas de conditions formelles à cet égard ; il faut seulement que la partie introduisant la requête de reconnaissance et d'exécution fournisse l'original de la décision dûment authentifiée, ou une copie de cet original réunissant les conditions requises pour son authenticité [109]. En conséquence de ces exigences, la sentence est présumée écrite, ce qui permettrait que l'un des États contractants puisse en refuser l'exequatur en cas de non-respect de la forme[110].

De plus, les législations nationales peuvent imposer également des réquisits obligatoires à la forme de la sentence. Dans de nombreux cas, le non-respect d'une

---

[109] L'Article IV (1) (a) de la Convention de New York informe que : « 1. Pour obtenir la reconnaissance et l'exécution visées à l'article précédent, la partie qui demande la reconnaissance et l'exécution doit fournir, en même temps que la demande : a) l'original dûment authentifié de la sentence ou une copie de cet original réunissant les conditions requises pour son authenticité. »

[110] G. B. BORN, *op. cit.*, p. 2443.

exigence formelle sera susceptible de l'annuler dans une procédure ultérieure[111]. Cela étant dit, il est à préciser que les critères exigés seront étudiés vis-à-vis des juridictions étatiques qui ont permis l'exécution de mesures provisoires à travers le système d'assimilation.

Selon les lois d'arbitrage des Bermudes[112], du Québec[113], d'Écosse[114], d'Égypte[115], de Malte[116] et des Pays-Bas[117] et les principaux règlements d'arbitrage[118], la sentence arbitrale étrangère doit être écrite et signée par le ou les arbitres. Ces formalités sont essentielles pour garantir avec précision la décision du tribunal, tant pour les parties que pour toute procédure ultérieure d'exécution ou d'annulation judiciaire. Aux États-Unis, la loi américaine d'arbitrage n'impose pas expressément de conditions à la sentence. Néanmoins, l'Article 9 et 13 (b) de la FAA a été interprété de façon à exiger que la sentence soit écrite pour qu'elle puisse être exécutée[119].

---

[111] V. l'Article 68 (2) (h) de la loi d'arbitrage anglaise ; l'Article 1065 (1) (d) du CPC néerlandais ; l'Article 1704 (2) (h) du Code judiciaire belge. G. B. BORN, *op. cit.*, p. 2449.

[112] V. Article 31 de la loi d'arbitrage des Bermudes (*Bermuda International and Conciliation Arbitration Act 1986*).

[113] V. Article 642 du CPC (Loi du 1er janvier 2016) du Québec.

[114] V. Article 51 de la loi d'arbitrage d'Écosse (*Arbitration Act 2010*).

[115] V. Article 43 de la loi d'arbitrage d'Égypte (Loi n° 27/1994).

[116] V. Article 44 de la loi d'arbitrage de Malte (*Malta Arbitration Act* Cap. 287/2000).

[117] V. Article 1057 du CPC des Pays-Bas.

[118] V. l'Article 26 du Règlement d'arbitrage LCIA 2020, Article 32 du Règlement d'arbitrage CCI 2021 ; Article 33 du Règlement d'arbitrage SIAC 2016 ; Article 33 du Règlement d'arbitrage institutionnel HKIAK 2018 ; Article 10.4 du Règlement d'arbitrage CAM-CCBC 2012.

[119] V. A. RODRIGUES *et al.*, *Enforcement of arbitral awards in United States: overview*, Thomson Reuters Practical Law, 2015, (https://uk.practicallaw.thomsonreuters.com/4-619-6131?transitionType=Default&contextData=(sc.Default)&firstPage=true&bhcp=1, consulté le 16 mai 2018) ; G. B. BORN, *op. cit.*, p. 2445.

Par ailleurs, il faut que l'arbitre indique également le lieu et la date à laquelle elle a été rendue. Ce lieu est particulièrement important au regard de la CNY et de certaines lois nationales et la date va quant à elle avoir des effets sur les procédures de recours contre ladite sentence. Au-delà de ces deux exigences, la loi d'arbitrage des Pays-Bas et de l'Égypte ajoute l'obligation d'inscrire le nom et le lieu de résidence des arbitres et des parties[120].

La sentence doit également être motivée. Le devoir de l'arbitre d'exposer son raisonnement est presque universellement accepté en droit de l'arbitrage international. Alors que la Convention est silencieuse sur cette matière, la majorité des législations nationales imposent cette obligation aux arbitres. Cela est nécessaire en ce sens que cela réduit le risque de décisions arbitraires, en fournissant aux parties l'occasion de constater non seulement que leurs soumissions ont été examinées, mais aussi la manière par laquelle elles ont été traitées.

À cet égard, les Bermudes, l'Égypte, Malte et les Pays-Bas prévoient que les parties peuvent s'accorder en sens contraire, en admettant que l'arbitre rende des décisions non motivées [121] . Cela met en relief le principe de l'autonomie de la volonté des parties en matière d'arbitrage et permet aux parties de mettre en place une procédure plus rapide et moins coûteuse[122]. Aux États-

---

[120] V. Article 1057 (4) (a), (b) du Code de procédure civil des Pays-Bas ; v. Article 43 (3) de la loi d'arbitrage d'Égypte.

[121] V. les articles respectifs mentionnés ci-dessus. (Notes des bas de page n° 110-118.)

[122] À cet égard, un domaine où on peut constater fréquemment l'utilisation des sentences non motivées est au sein des arbitrages de « qualité ». La demande est normalement de déclarer la qualité d'un certain type de commodité. Ainsi, un raisonnement serait incohérent avec la nature de la sentence. L'Article 1057 (4) (e) de la loi d'arbitrage des Pays-Bas prévoit expressément cette hypothèse, en précisant qu'il ne faut pas motiver une sentence que détermine la qualité d'un produit. V. aussi G. B. BORN, *op. cit.*, p. 2456.

Unis, jurisprudence et doctrine démontrent qu'il est possible d'exécuter des sentences arbitrales non motivées, sauf si le règlement d'arbitrage ou la convention d'arbitrage n'en disposent autrement[123]. Cependant, il est à noter que cela n'est pas la règle car de façon générale, le pouvoir de l'arbitre de rendre ce type de décisions doit faire l'objet de l'accord express des parties.

Concernant la délibération, les lois nationales analysées sont unanimes sur le fait que la décision doive être prise de manière conjointe et qu'elle doive l'être à la majorité des voix. Si l'un des arbitres ne la signe pas, il faut préciser les motifs de ce refus dans la sentence, à l'exception de l'Écosse qui ne prévoit pas cette exigence[124].

Finalement, il faut nuancer ces propos, en ce sens qu'il peut être demandé d'accompagner la sentence d'un exposé de faits incluant un résumé des demandes, des mémoires et des documents des parties. Cette formalité, vue comme une coutume en arbitrage international, peut être exigée

---

[123] V. Cour suprême américaine, 5 décembre 1955, 350 U.S. 198, 204 n° 4 (u.s s.ct. 1956), *Bernhardtv v. Polygraphic Co. Of Am.* ; Cour d'appel américaine du deuxième district, 5 septembre 2006, 462 F. 3d 793 (ITh Cir. 2004), *D.H Blair & Co. V. Gottdiener* ; Cour du district de New York, 29 octobre 2007, 513 F. Sup. 2d 23,32 (S.D.N.Y. 2007), *Dunhill Franchisees Trust v. Dunhill Staffing Systems Inc.* ; Cour du district sud de New York, 13 janvier 2017, n° 16-cv-2869, 2017 U.S. Dist. LEXIS 6134 (S.D.N.Y. Jan. 17, 2017), *Trina Solar US, Inc. v. JRC-Services LLC and Jasmin Solar Pty Ltd.* Cf. aussi, T. CARBONNEAU, *Carbonneau on International Arbitration: Collected Essays*, Huntington, Juris, 2011, p. 351/352 ; G. B. BORN, *op. cit.*, p. 2457.

[124] V. l'Article 31 (1) de la loi d'arbitrage des Bermudes ; 642 du Code de procédure du Québec ; 44 (4) de la loi d'arbitrage de Malte ; 43 (1) de la loi d'arbitrage de l'Égypte et 1057 (3) du Code de procédure civil des Pays-Bas.

par certaines juridictions selon les lois nationales – c'est notamment le cas en Égypte[125].

Or, lorsqu'on prend en compte toutes ces conditions, en particulier vis-à-vis du besoin de rendre une décision motivée incluant un exposé de faits, on constate que la décision d'octroyer une mesure à titre provisoire sous forme de sentence peut prolonger le délai nécessaire à la préservation du droit violé. Cette situation peut être aggravée lorsque le règlement d'arbitrage exige l'ouverture d'un examen préalable au projet de sentence[126].

### *(B) L'ouverture d'un examen préalable : le mécanisme de « scrutiny »*

Selon certains règlements d'arbitrage, la sentence arbitrale demande une procédure d'examen préalable par l'institution d'arbitrage, dite procédure de « *scrutiny* ». L'Article 34 du Règlement d'arbitrage de la Chambre de commerce internationale (« CCI ») de 2021, prévoit ce mécanisme et détermine qu'avant de signer toute sentence, le tribunal arbitral doit en soumettre le projet à la Cour[127]. Également, l'Article 32.3 du Règlement d'arbitrage du Centre d'arbitrage de Singapour (SIAC) 2016 détermine

---

[125] V. Article 43 (3) de la loi d'arbitrage de l'Égypte. Par exemple, la loi brésilienne d'arbitrage (Loi n° 9.307) exige également cette formalité, v. l'Article 26 (I).

[126] V. J. ZAMORA, *op. cit.*, p. 758.

[127] L'Article 34 du Règlement d'arbitrage CCI 2021 prévoit que : « Examen préalable de la sentence par la Cour avant de signer toute sentence, le tribunal arbitral doit lui en soumettre le projet. Celle-ci peut prescrire des modifications de forme. Elle peut, en respectant la liberté de décision du tribunal arbitral, attirer son attention sur les points intéressant le fond du litige. Aucune sentence ne peut être rendue par le tribunal arbitral sans avoir été approuvée en la forme par la Cour. »

une procédure similaire au sein d'un arbitrage administré par cette institution[128].

L'examen préalable des projets de sentences permet la maximisation de l'efficacité juridique d'une sentence en identifiant ses défauts et possibles améliorations. Selon le secrétaire général et l'avocate de la CCI, Alexander G. Fessas et Maria Hauser Morel, la procédure de « *scrutiny* », qui prend environ trois à quatre semaines, augmente la force exécutoire et la qualité de la décision en permettant à la Chambre d'examiner l'expérience des arbitres nommés[129]. Du fait de cette distinction, le respect de cette procédure peut faire l'objet d'un contrôle étroit par les juridictions étatiques et aboutir à son annulation en cas de non-respect de cette exigence. L'affaire *Brasoil v. GMRA* fournit une illustration à cet égard[130].

Dans le cas d'espèce, *The Management and Implementation Authority of The Great Man-Made River Projec* (*GMRA*) a conclu un contrat en 1986 avec la société privée des îles Caïman, *Braspetro Oil Services Company (Brasoil)* aux termes duquel celle-ci s'engageait à forer 270 puits artésiens et 48 puits d'observation dans

---

[128] L'Article 32.3 du Règlement d'arbitrage SIAC 2016 prévoit que : « Avant de rendre une sentence, le tribunal doit soumettre cette sentence sous forme de projet au *"Registar"*. À moins que l'enregistreur ne proroge le délai ou que les parties n'en conviennent autrement, le tribunal soumet le projet de sentence au registraire au plus tard 45 jours après la date à laquelle il déclare la procédure close. Le *"Registar"* peut, dès que possible, suggérer des modifications quant à la forme de la sentence et, sans affecter la liberté du tribunal de trancher le différend, attirer son attention sur des questions de fond. Aucune sentence ne peut être accordée par le tribunal tant que l'enregistreur n'a pas approuvé sa forme. » (Traduction libre.)

[129] A. G. FESSAS et M. MOREL, *ICC International Centre for ADR defining awards: types of awards: Seminaire Arbitration Academy*, Paris, 20 July 2017.

[130] Cour d'appel, 1er juillet 1999, *Brasoil v. GMRA*, *Rev. d'arbitrage*, 1999, p. 841-852, note C. JARROSSON.

les zones de Sarir et de Tazerbo situées l'une et l'autre dans le désert libyen. En 1990, des dysfonctionnements se manifestant par des quantités excessives de sable dans l'eau sont apparus dans les puits du Sarir. Le tribunal arbitral saisi du litige a rendu une sentence partielle attribuant la faute à *Brasoil*. La liquidation du préjudice devait être fixée par une seconde sentence suivant la production de certaines pièces.

Pendant cette phase de la procédure arbitrale, *Brasoil* a estimé que les documents produits par *GMRA* remettaient en cause la première sentence, car ils prouvaient l'existence d'une dissimulation frauduleuse, demandant donc sa révision. Pour trancher cette nouvelle demande, le tribunal arbitral a rendu une ordonnance à la place d'une nouvelle sentence, par laquelle il a décidé que *Brasoil* n'avait pas prouvé que les documents avaient été frauduleusement retenus par *GMRA*.

*Brasoil* a considéré que la décision était une véritable sentence, car elle mettait fin à une des demandes litigieuses des parties. Ainsi, *Brasoil* a effectué un recours en annulation contre celle-ci, invoquant, parmi d'autres griefs, la méconnaissance des Articles 21 et 23 du Règlement d'arbitrage de la CCI du 9 mars 1995. En tant qu'une sentence et conformément à ces articles, la décision rendue par le tribunal arbitral aurait dû faire l'objet d'un contrôle préalable par la CCI. La Cour de Paris a décidé d'annuler la décision en l'espèce, en affirmant que la non-soumission du projet de sentence à la procédure de « *scrutiny* » de la CCI constituait un manquement à la mission de l'arbitre. Elle a d'ailleurs précisé que l'examen préalable était une disposition essentielle et caractéristique du Règlement d'arbitrage de la Cour internationale d'arbitrage de la Chambre de commerce internationale, « puisqu'elle tend à garantir aux parties qui s'y réfèrent le respect d'exigences minimales quant à la forme et au fond de la sentence à intervenir et à les assurer d'obtenir une décision conforme à ce règlement[131] ».

Deux enseignements peuvent être tirés. D'abord, à supposer que le règlement d'arbitrage CCI ou de la SIAC soit applicable, la mesure à titre provisoire rendue sous forme de sentence doit faire également l'objet de la procédure d'examen préalable. Conformément au rapport publié par la CCI sur les mesures à titre provisoire en 1990[132], il a été précisé qu'une telle mesure devait faire l'objet de « *scrutiny* », par application de l'Article 21 du Règlement d'arbitrage en vigueur à l'époque. Ensuite, dans le cas où cela n'est pas réalisé, la violation de la procédure d'examen préalable peut caractériser le non-respect de leur mission par l'arbitre, en impliquant

---

[131] Cour d'appel, 1er juillet 1999, *Brasoil v. GMRA*, *Rev. arb.*, 1999, p. 841-852, spéc. p. 848, note C. JARROSSON.

[132] La Commission d'arbitrage international est l'une des commissions de la CCI chargée d'élaborer des projets politiques sur les questions générales et techniques concernant le commerce et l'investissement dans le monde. Présidée, à cette époque, par le professeur Ottoarndt Glossner, elle est composée de spécialistes internationaux nommés par les comités et conseils nationaux du CIC dans le monde entier. Plusieurs groupes de travail de la Commission ont concentré leurs efforts sur les sujets de préoccupation suivants en matière d'arbitrage commercial international : opinions dissidentes et sentences provisoires et partielles, clause d'arbitrage standard de la CCI, arbitrage multipartite, mandat et règlement du Centre international d'expertise technique d'ICC. Dans le rapport, il a été précisé qu'une mesure à titre provisoire sous forme de sentence devait faire l'objet de « *scrutiny* », par l'application de l'Article 21 du Règlement d'arbitrage en vigueur à l'époque. Pour plus d'information, v. CCI, « Final report on Interim and Partial Award », *ICC Bull* 1990, p. 26, disponible aussi en ligne (http://library.iccwbo.org/content/dr/COMMISSION_REPORTS/CR_0001.htm?l1=bulletins&l2=#TOC_BKL1_3, consulté le 6 mai 2018) ; G. B. BORN, *op. cit.*, p. 2014.

l'annulation de la mesure provisoire sous forme de sentence.

On constate que le temps consacré à la formulation des mesures à titre provisoire sous forme de sentence provisoire peut conduire à diminuer les chances de prévention des dommages à la partie demanderesse. Évidemment, le devoir de l'arbitre d'attendre l'approbation de la Cour concernant son projet de décision, ainsi que la nécessité de se conformer aux exigences au moment de l'élaboration de la mesure provisoire sous forme de sentence et de la délibération peuvent rendre la mesure inutile et mettre en échec l'efficacité de la procédure arbitrale.

Cependant, imaginons que la mesure ait été bien formulée et que le pays où elle sera exécutée adopte le système d'assimilation. Quelles seraient les conséquences de l'incorporation d'une mesure à titre provisoire dans une sentence ?

## Section II – Les conséquences de l'exécution des mesures provisoires et conservatoires sous forme de sentences

La qualification judiciaire de la mesure arbitrale à titre provisoire en tant que sentence permet qu'elle puisse avoir force exécutoire dans des pays autres que celui du siège de l'arbitrage. En fonction de l'absence de pouvoir d'*imperium* de l'arbitre, la mesure elle-même ne peut pas être exécutée automatiquement ; la procédure d'exequatur représente alors une condition nécessaire à l'exécution forcée de celle-ci à l'étranger.

On démontrera que la soumission de la décision de l'arbitre au régime de la Convention de New York peut ne pas être la solution plus convenable, du fait de l'inadaptabilité de ce texte aux besoins de la matière, alors même qu'elle solutionne le problème de l'efficacité de la mesure à titre provisoire (§ 1). Ensuite, on envisagera les solutions apportées par la révision de la Loi type de 1985 réalisée en 2006 en la matière (§ 2).

## §1. Les effets du régime de la Convention de New York

L'assimilation de la mesure à titre provisoire permet non seulement le recours à la force exécutoire d'une sentence, mais produit aussi deux autres conséquences importantes à analyser : elle permet, en principe, à la sentence d'acquérir l'autorité de la chose jugée au provisoire (A), alors même qu'elle ouvre des voies de recours et possibles défenses au moment de son contrôle, ce qui démontre son inadaptabilité (B).

### *(A) L'autorité de la chose jugée au provisoire*

L'autorité de la chose jugée est un principe internationalement reconnu qui se retrouve depuis le droit roman et les anciens textes hindous[133]. Vue comme un ensemble d'effets attachés à la décision juridictionnelle – telle la force de vérité légale[134] – l'autorité de chose jugée peut être traduite par la règle selon laquelle une requête qui a déjà été tranchée par une autorité compétente ne peut être tranchée à nouveau[135]. L'autorité de la chose jugée emporte une conséquence positive et une conséquence négative. D'une part, une sentence définitive lie les parties et doit être exécutée de bonne foi par elles[136] et d'autre

---

[133] INTERNATIONAL LAW ASSOCIATION (ILA), *Interim Report: « Res Judicata » and Arbitration, Berlin Conference*, Berlin, 2004, p. 2.

[134] G. CORNU, « Autorité de la chose jugée », in *Vocabulaire juridique*, Presses universitaires de France, 1987.

[135] E. JARAMILLO, *op. cit.*, p. 234.

[136] L. BENTO et M. PENG, *op. cit.*, p. 252.

part, cela empêche la juridiction du for de se prononcer à nouveau sur une demande qui présente une identité de parties et de sujet avec une autre demande sur laquelle un arbitre ou un juge se serait déjà prononcé[137]. À cet égard, la chose jugée par une précédente sentence affecte donc la recevabilité de la nouvelle demande[138].

Aussi nommée de « *res judicata* », elle est perçue comme un attribut de la sentence qui fait, néanmoins, l'objet de contrôle juridictionnel devant le juge de l'exequatur. Alors que la sentence produit l'effet de l'autorité de la chose jugée de plein droit, il est à noter que le jugement d'exequatur se constitue comme une condition à la production d'effets de la sentence pour une certaine juridiction. Celui-ci, serait, autrement dit, « la source de l'attribution : l'un des éléments de son effet substantiel[139] ».

Lorsqu'on analyse la nature de la mesure à titre provisoire, on constate qu'elle peut être suspendue, modifiée ou rétractée à tout moment par celui qui l'a rendue. De ce fait, il y a lieu de considérer que ce type de décision n'acquiert pas l'autorité de la chose jugée au principal[140], car la mesure à titre provisoire n'empêche pas que le litige au fond soit tranché ni qu'elle soit amenée à faire l'objet de modifications ultérieures[141].

La discussion sur l'absence de l'autorité de la chose jugée des mesures à titre provisoire pourrait sembler inopportune s'il existait seulement la compétence exclusive de l'arbitre d'octroyer ce type de demandes. Dans cette hypothèse, les parties seraient obligées de s'adresser au tribunal arbitral constitué pour solliciter à

---

[137] S. BOLLÉE, *Les Méthodes du droit international privé à l'épreuve des sentences arbitrales*, Paris, Economica, 2004, p. 190/192.
[138] C. SERAGLINI et J. ORTSCHEIDT, *op. cit.*, p. 826.
[139] S. BOLLÉE, *op. cit.*, p. 191/192.
[140] J.-B. RACINE, 2007, *op. cit.*, p. 127.
[141] F. EMARA, *op. cit.*, p. 367.

nouveau la mesure, avec la nécessité de prouver l'existence de nouvelles circonstances afin qu'elle puisse être analysée. Pourtant, ce sujet peut poser des enjeux délicats, notamment au regard de la possibilité de compétences concurrentes des juridictions arbitrale et étatique. Comme déjà expliqué, cette concurrence peut aboutir à l'engagement de procédures parallèles et, en effet, à des décisions boiteuses.

À partir du moment où le juge et l'arbitre ont tous les deux la compétence pour octroyer des mesures à titre provisoire, il peut arriver qu'une demande soit d'abord faite devant la juridiction étatique, puis formulée à l'arbitre et vice versa. En ce sens, la seconde demande serait-elle irrecevable ?

Dans l'arrêt *Sperry Int'l Trade, Inc. v. Government of Israel*, la société *Sperry* a prié la Cour américaine du district de New York d'empêcher l'État d'Israël d'utiliser la lettre de crédit. Cette requête a dans un premier temps abouti pour ensuite être annulée en appel au motif que le requérant n'avait pas démontré de préjudice irréparable. Cependant, le tribunal arbitral lui a fait partiellement droit après avoir été à nouveau sollicité. Il est nécessaire de rappeler que celui-ci avait émis une sentence ordonnant aux deux parties de déposer sur un compte conjoint le produit de la lettre de crédit, en attendant la résolution du litige au fond.

À ce propos, on constate que l'autorité de chose jugée en matière des mesures à titre provisoire fait l'objet de controverses. Pour certains auteurs, ladite mesure pourrait produire une « autorité au provisoire[142] », autrement dit elle permettrait de rendre « irrecevable [le dépôt de] la même demande de référé devant la même instance qui l'avait déjà tranchée, surtout en l'absence de nouvelles

[142] M. RATTEB, M. KAMEL et M. F. RATTEB, *La Juridiction des référés*, 7 éd., Beyrouth, Monde des livres, 1985, p. 27.

circonstances le justifiant [143] ». Initialement, certains tribunaux arbitraux avaient suivi cette hypothèse, en concluant qu'une décision antérieure du juge étatique accordant ou refusant une demande de l'une des parties ne pouvait être modifiée en cas d'une nouvelle demande déposée auprès du tribunal arbitral (et vice versa[144]).

Actuellement, la doctrine et la jurisprudence sont divisées sur cette matière. Certains auteurs considèrent qu'une telle décision ne pourrait pas produire des effets *res judicata*. Les arbitres seraient libres de modifier la décision étatique, s'appuyant sur le fait que les parties choisissent la juridiction arbitrale pour sa neutralité vis-à-vis des parties, ce qui empêcherait que la décision du juge étatique ne soit obligatoire pour les arbitres[145]. D'autres affirment que si le tribunal de l'État ordonnait ou refusait

---

[143] « Ainsi, la sentence qui se borne à ordonner des mesures provisoires est assortie de l'autorité de la chose jugée, même si celle-ci n'est que provisoire, limitée à la durée de l'instance arbitrale : le tribunal arbitral n'est pas lié par cette sentence au moment de trancher le fond du litige. Et la mesure peut être modifiée ou rapportée en cas de circonstance nouvelle » : C. SERAGLINI et J. ORTSCHEIDT, *op. cit.*, p. 826. Cf. *ibid.*, p. 311/316. Cf. M. RATTEB, M. KAMEL et M. F. RATTEB, *op. cit.*, p. 311/316.

[144] Cf. Y. DERAINS, Sentence partielle ICC n° 4998, *Clunet*, 1986, p. 1139 ; Sentence CCI n. pas donné in SCHWARTZ, « The Practice and Experience of the ICC Court », in ICC, *Conservatory and Provisional Measures in International Arbitration*, 1993, p. 45, 57 ; Sentence partielle ICC n° 4126 in S. JARVIN & Y. DERAIN (éd.), *Collection of ICC Arbitral Awards 1974-1985*, 1990, p. 511.

[145] « La compétence des tribunaux ne prive pas les arbitres de la possibilité d'y recourir en dernier ressort. Le caractère provisoire des ordonnances provisoires permet aux arbitres de contrôler les mesures prises par les tribunaux étatiques » (traduction libre) : E. GAILLARD et J. SAVAGE (éd.), *Fouchard Gaillard Goldman on International Commercial Arbitration*, La Haye, Kluwer Law International, 1999, p. 72, para. 1330. À cet égard, cf. G. B. BORN, *op. cit.*, p. 2011/2012 ; A. YESILIRMAK, *op. cit.*, p. 106/107, 193/194 ; v. aussi la sentence ICSID du 20 novembre 1984, cas n° ARB/81/1, 24 I.L.M 1022, 1026-1027 (1985), *Amco Asia Corp. V. Republic of Indonedia.*

d'ordonner une telle mesure, les parties ne pourraient plus recourir au tribunal arbitral pour obtenir une décision plus favorable, et vice versa. Cela inclurait le cas dans lequel le tribunal d'un État serait saisi pour la seule raison que le tribunal arbitral n'ait pas encore été constitué [146]. Le contraire porterait atteinte à la sécurité juridique à cause d'une interférence exagérée des juridictions et, surtout, en vertu de la soumission de la partie qui a obtenu la mesure provisoire à de multiples procédures.

Ce qui est important au regard des objectifs de ce livre concerne la possibilité de redemander une mesure provisoire devant le juge étatique lorsque la décision de l'arbitre sous forme de sentence a déjà obtenu l'exequatur dans l'État de la juridiction saisie. Il semble que dans ce cas, la sentence acquerra l'autorité de chose jugée au provisoire, en l'absence de nouvelles circonstances. Par conséquent, l'exequatur empêcherait que la décision soit remise en cause par une nouvelle demande postérieure à la procédure.

Cependant, que se passerait-il si une nouvelle mesure était sollicitée devant le juge étatique du siège de l'arbitrage avant l'obtention de l'exequatur, ou si un recours en annulation était engagé, aboutissant ainsi à la révocation de ladite mesure ? Il serait raisonnable d'affirmer que la reconnaissance d'une telle mesure à titre provisoire sous forme de sentence pourrait être refusée sur le fondement de l'Article V (1) (e). J. Poudret et S. Besson défendent que « lorsque les mesures sont incorporées à une sentence, [...] dans ce cas elles seront exécutoires

---

[146] M. WIRTH, « Interim or Preventive Measures in Support of International Arbitration », in *ASA Bulletin* 2000, Kluwer Law International, vol. 18, n° 1, p. 31-45, spéc. p. 43. Il est à noter, cependant, que certaines lois nationales permettent une telle modification lorsque le tribunal arbitral n'était pas encore constitué, comme par exemple l'Article 22-B de la loi d'arbitrage brésilienne, l'Article 44 (6) de la loi anglaise d'arbitrage.

mais feront l'objet de contrôle comme une sentence finale au fond[147] ».

Évidemment, à partir du moment où la qualification de sentence est retenue au profit de la mesure à titre provisoire, les parties peuvent invoquer les mêmes moyens de défense contre la reconnaissance et l'exécution des sentences finales. L'annulation de la sentence et les motifs de refus de reconnaissance et d'exequatur démontrent, justement, l'inadéquation de la Convention à la matière des mesures à titre provisoire.

### *(B) L'inadéquation de la Convention à la matière des mesures à titre provisoire*

La qualification de sentence « emporte des conséquences juridiques telles que la possibilité de former un recours à l'encontre de la décision, alors même qu'elle est rendue avant dire droit[148] ». De ce fait, l'efficacité de la prestation juridictionnelle de l'arbitre peut être affectée par l'utilisation du système d'assimilation, car en permettant qu'une telle mesure puisse être contestée devant les tribunaux locaux, « littéralement des années peuvent être consommées avant que l'arbitrage [ne] puisse se dérouler[149] ».

En fait, le recours lui-même et la propre procédure d'exequatur prolongent la satisfaction de l'objectif envisagé par la mesure octroyée, en vertu des moyens de défense à la disposition de la partie contre laquelle la mesure a été rendue. En plus, l'arbitre décidera, dans la majorité des cas, de suspendre l'arbitrage jusqu'à ce qu'un

---

[147] J. POUDRET et S. BESSON, *op. cit.*, p. 533 (traduction libre).
[148] C. KESSEDJIAN, *op. cit.*, p. 76.
[149] CCI, « Final report on Interim and Partial Award », *ICC Bull* 1990, p. 26 (http://library.iccwbo.org/content/dr/COMMISSION_REPORTS/CR_0001.htm?l1=bulletins&l2=#TOC_BKL1_3, consulté le 6 mai 2018).

jugement final de la Cour nationale ne soit rendu[150]. C'est la raison pour laquelle l'Article 1064 (4) du Code de procédure civil des Pays-Bas a prévu, par exemple, que la demande d'annulation d'une sentence provisoire ne puisse être présentée qu'avec la demande d'annulation d'une sentence finale[151].

À partir de ce panorama, on constate que la partie à qui la mesure à titre provisoire s'oppose peut, d'une part, invoquer les mêmes motifs de refus de reconnaissance à la mesure assimilée que ceux applicables à une sentence finale au fond et d'autre part, obtenir un recours en annulation du siège de l'arbitrage afin d'empêcher la production des effets de la mesure assimilée octroyée par l'arbitre à l'étranger. On analysera, parmi les motifs d'annulation et refus de reconnaissance, ceux qui démontrent l'inadéquation du texte aux besoins spécifiques de la matière en question.

### *(1) L'invalidité de la convention d'arbitrage*

Selon l'Article V (1) (a) de la Convention de New York, la reconnaissance et l'exécution de la sentence seront refusées si la partie défenderesse prouve que la convention d'arbitrage n'est pas valable. Ce fondement est-il valable lorsqu'on envisage l'exécution d'une mesure à titre provisoire ? En permettant au juge d'examiner la validité de la convention de l'arbitrage par un contrôle approfondi, on lui attribue le pouvoir de contester prématurément la compétence de la juridiction arbitrale,

---

[150] *Ibid.*

[151] L'Article 1064 (4) du Code de procédure civil des Pays-Bas détermine que : « La demande d'annulation d'une sentence provisoire ne peut être présentée qu'avec la demande d'annulation d'une sentence finale » (traduction libre).

au moment où l'arbitre lui-même n'a pas effectué le contrôle de sa propre compétence[152].

Évidemment, la faculté de l'arbitre de pouvoir statuer sur sa propre compétence peut soulever des questions complexes puisque cela peut nécessiter un temps conséquent pour pouvoir les trancher de manière juste et raisonnable. De ce fait, il peut arriver qu'il y ait des situations dans lesquelles une mesure à titre provisoire est demandée avant la déclaration de la compétence de l'arbitre, mais après la constitution du tribunal arbitral. Dans ce cas de figure et comme affirmé par J.-B. Racine, le contrôle de la validité de la convention de l'arbitrage pourra porter atteinte non seulement au principe de compétence-compétence de l'arbitre, mais également à l'efficacité de la mesure. En fait, le contrôle de la compétence de l'arbitre est fait, en règle générale, *a posteriori*, c'est-à-dire à l'occasion de l'exequatur de la sentence sur le fond. Dans le cas où le juge décide d'examiner de manière complète la compétence de l'arbitre, cela prolongera la procédure d'exequatur au-delà du temps raisonnable de l'exécution d'une mesure provisoire[153].

*A contrario*, l'auteur F. Emara défend l'idée selon laquelle le principe compétence-compétence ne serait pas violé, car en acceptant d'octroyer une mesure à titre provisoire, l'arbitre décide déjà de sa compétence à pouvoir trancher le litige[154]. Selon lui, ce contrôle de compétence est fait en deux temps. Au niveau administratif, lorsque l'institution d'arbitrage accepte la demande puis, par l'arbitre lui-même au moment où il rend la mesure demandée[155].

---

[152] J.-B. RACINE, 2007, *op. cit.*, p. 528/529.
[153] J.-B. RACINE, 2007, *op. cit.*, p. 131.
[154] F. EMARA, *op. cit.*, p. 379-387.
[155] F. EMARA, *op. cit.*, p. 379-387.

Cependant, il y a lieu de considérer que cette analyse était faite *prima facie* par l'arbitre et, en effet, l'octroi d'une telle mesure peut avoir lieu avant que l'arbitre ne rende une sentence partielle, par exemple, en matière de compétence, justement en raison de la nature urgente de la demande sollicitée[156].

*(2) L'inarbitrabilité du litige*

L'inarbitrabilité du litige est un autre motif de refus de la reconnaissance et de l'exécution d'une sentence. Selon l'Article V (2) (a) de la Convention, la reconnaissance et l'exécution d'une sentence arbitrale pourront aussi être refusées si l'autorité compétente du pays où la reconnaissance et l'exécution sont requises constate « que, d'après la loi de ce pays, l'objet du différend n'est pas susceptible d'être réglé par voie d'arbitrage ».

Encore une fois, cette voie de recours fondée sur l'inarbitrabilité du litige ne semble pas être la plus adaptée en matière de mesures à titre provisoire, étant donné qu'elle permettrait au juge d'effectuer un contrôle du litige au fond dans un moment de la procédure dans lequel les arbitres n'ont pas encore examiné l'arbitrabilité du litige. Il est possible que cette question fasse l'objet d'une sentence partielle ou soit tranchée dans la sentence finale[157]. Permettre au juge étatique de déterminer s'il est possible de soumettre le différend à l'arbitrage reviendrait à anticiper une phase de contrôle *a posteriori*, en occasionnant une possible interférence entre juridictions[158].

---

[156] M. CARRETEIRO, *op. cit.*, p. 226.

[157] M. CARRETEIRO, *op. cit.*, p. 226.

[158] F. EMARA, *op. cit.*, p. 387-391 ; J.-B. RACINE, 2007, *op. cit.*, p. 132/133.

### (3) *L'attente au contradictoire*

On constate qu'il existe, dans la plupart des juridictions, des procédures étatiques qui permettent l'octroi des mesures unilatérales – en d'autres mots, des mesures à titre provisoire rendues non contradictoirement[159]. Apparu d'abord en France par le décret impérial du 30 mars 1808 à l'Article 54[160], ce type de mesure à titre provisoire est particulièrement approprié lorsqu'une partie subit des dommages graves, tels que le risque de destruction d'une preuve, nécessitant alors un soulagement immédiat. Toutefois, les lois nationales et des règles d'arbitrage institutionnel garantissant aux parties la possibilité d'être entendues ainsi que l'égalité de traitement pendant le déroulement de la procédure, cela peut entraver l'exécution de ce type de mesure et porter atteinte à la nature consensuelle de l'arbitrage et à la confiance conférée par les parties au tribunal arbitral[161].

Puisque certains règlements d'arbitrage seulement interdisent expressément l'octroi de mesures

---

[159] Pour une liste de tous les pays qui acceptent l'octroi d'une mesure à titre provisoire unilatérale, v. A. YESILIRMAK, *op. cit.*, p. 220, note de bas de page 262 ; G. B. BORN, *op. cit.*, p. 2016 ; G. BOLARD, « Les mesures provisoires unilatérales ou ordonnances préliminaires dans le projet CNUDCI », in J.-M. JACQUET et E. JOLIVET (éd.), *Les Mesures provisoires dans l'arbitrage commercial international : évolutions et innovations*, Paris, Lexis Nexis, 2007, p. 105-112, spéc. p. 105/106. On peut citer, par exemple, la France, selon l'Article 493 ; 851, 875, 897 et 958 du CPC ; le Brésil, selon l'Article 300 du CPC 2015, le Québec, selon l'Article 509 du CPC.

[160] F. EMARA, *op. cit.*, p. 18/19.

[161] G. KAUFMANN-KOHLER, « Mesures ex parte et injonctions préliminaires », in J.-M. JACQUET et E. JOLIVET (éd.), *Les Mesures provisoires dans l'arbitrage commercial international : évolutions et innovations*, Paris, Lexis Nexis, 2007, p. 91-104, spéc. p. 91-98.

unilatérales[162] – la majorité d'entre eux reste licencieuse sur la matière[163] – la question qui se pose est celle de savoir si le devoir de respect du contradictoire empêcherait l'exécution forcée de mesures unilatérales rendues par l'arbitre. Cette question est discutée par plusieurs auteurs et la réponse semble être majoritairement négative[164].

L'Article V (1) (b) de la CNY précise que la reconnaissance et l'exécution de la sentence peuvent aussi être refusées par le juge saisi, si « la partie contre laquelle la sentence est invoquée n'a pas été dûment informée de la désignation de l'arbitre ou de la procédure d'arbitrage, ou qu'il lui a été impossible, pour une autre raison, de faire valoir ses moyens ». Selon l'auteur F. Emara, l'Article V (1) (b) implique que « les mesures unilatérales prises à l'insu de l'autre partie ne sont pas susceptibles d'être reconnues ou exécutoires ». De façon similaire, T. Kojovic souligne que face à cette disposition expresse, une sentence unilatérale ne peut être reconnue et exécutée qu'en fonction de l'utilité et de la nécessité de cette

---

[162] L'Article 39 (4) du Règlement d'arbitrage selon la Convention du Centre international pour le règlement des différends relatifs aux investissements (CIRDI) précise que : « Le tribunal ne recommande des mesures conservatoires ou ne modifie ou n'annule ses recommandations qu'après avoir donné à chaque partie la possibilité de présenter ses observations » (traduction libre). V. aussi l'Article 22 du Règlement LCIA 2020 ; le Règlement d'arbitrage CCI n'aborde pas expressément ce sujet, mais le para. 3-1040 du *The Secretariat's Guide to ICC Arbitration* informe « qu'il n'y a pas de place pour une mesure provisoire unilatérale dans l'arbitrage de la CCI » : J. FRAY, S. GREENBERG et F. MAZZA, *The Secretariat's Guide to ICC Arbitration*, Paris, International Chamber of Commerce (ICC), 2012, para. 3-1040 (traduction libre).

[163] A. REDFERN et M. HUNTER, *Law and Practice of International Commercial Arbitration*, Londres, Sweet & Maxwell, 2004, p. 335.

[164] T. KOJOVIC, *op. cit.*, p. 528/529 ; F. EMARA, *op. cit.*, p. 391-394.

procédure dans un contexte particulier[165]. L'Article 646.4 du Code de procédure civil québécois est assertif sur cette question – il affirme expressément que le tribunal peut refuser l'homologation d'une mesure provisoire, si celle-ci était rendue unilatéralement[166].

Il n'y a pas de consensus sur la question de savoir si les arbitres devraient avoir le pouvoir d'ordonner des mesures provisoires unilatérales. D'une part, certains auteurs considèrent qu'une procédure contradictoire pourrait n'être pas conciliable avec l'urgence de la mesure demandée, d'où la nécessité d'y procéder après l'octroi de la mesure unilatérale[167]. À ce titre, le sondage de l'Université Queen Mary de Londres sur l'arbitrage international de 2012, intitulé « *Current and Preferred Practices in the Arbitral Process* »[168], indique que plus de la moitié des défendeurs (51 %) croient que les arbitres devraient avoir un tel pouvoir.

En considérant toutes les difficultés auxquelles une partie peut faire face pour obtenir l'exequatur d'une mesure à titre provisoire, peut-être est-il important de souligner que l'octroi de mesures unilatérales et leur exécution seraient des outils efficaces pour assurer la

---

[165] T. KOJOVIC, *op. cit.*, p. 528/529 ; F. EMARA, *op. cit.*, p. 391-394.

[166] Article 646 (4) du Code de procédure civil québécois : « Le tribunal ne peut refuser l'homologation d'une sentence arbitrale ou d'une mesure provisionnelle ou de sauvegarde que si l'un des cas suivants est établi : [...] 4° la partie contre laquelle la sentence ou la mesure est invoquée n'a pas été dûment informée de la désignation d'un arbitre ou de la procédure arbitrale, ou il lui a été impossible pour une autre raison de faire valoir ses moyens. »

[167] A. REDFERN et M. HUNTER, 2004, *op. cit.*, p. 335/336 ; R. MOREK, *op. cit.*, p. 84 ; A. YESILIRMAK, *op. cit.*, p. 224.

[168] Queen Mary Université de Londres, *Current and Preferred Practices in the Arbitral Process*, 2012, p. 2 (http://www.arbitration.qmul.ac.uk/media/arbitration/docs/2012_International_Arbitration_Survey.pdf, consulté le 19 mai 2018).

prestation juridictionnelle de l'arbitre vis-à-vis des attentes des parties. En tout état de cause, pour que la mesure unilatérale puisse accomplir son objectif, il faut qu'elle soit immédiatement exécutoire.

À partir du moment où toute une procédure d'exequatur doit être mise en place pour en assurer son effectivité, il ne semble pas raisonnable de justifier l'absence de notification de l'autre partie par la nature urgente de la demande[169]. Cela renforce l'idée sur l'inadéquation de la Convention aux besoins du domaine, car la structure même de l'exequatur d'une sentence empêcherait le but originel de la mesure unilatérale au sein d'un arbitrage international.

*(4) La violation à l'ordre public*

Un motif particulièrement commun pour contester la sentence au fond est celui de la violation de l'ordre public du pays où la reconnaissance est requise, conformément à l'Article V (2) (b) de la Convention de New York[170]. Pourtant, certains auteurs, comme J.-B. Racine et S. Besson, s'interrogent sur la mesure dans laquelle cette voie de recours serait compatible avec la matière des décisions à titre provisoire[171]. Tout d'abord ils se demandent quel ordre public serait utilisé comme référence à la vérification d'une possible violation : l'ordre

---

[169] G. KAUFMANN-KOHLER, *op. cit.*, p. 99.

[170] Article V (2) (b) de la Convention de New York détermine que : « La reconnaissance et l'exécution d'une sentence arbitrale pourront aussi être refusées si l'autorité compétente du pays où la reconnaissance et l'exécution sont requises constate : b) que la reconnaissance ou l'exécution de la sentence serait contraire à l'ordre public de ce pays. »

[171] J.-B. RACINE, 2007, *op. cit.*, p. 133/134 ; S. BESSON, *Arbitrage international et mesures provisoires, Étude de droit comparé*, Zurich, Schultess Polygraphischer Verlag, 1998, p. 345-346.

public relatif à la matière au fond de la dispute ou l'ordre public propre aux mesures provisoires ?

Si l'ordre public était celui du litige au fond, cela permettrait la révision de la motivation de la décision, possibilité qui doit être écartée dans le cas d'une procédure d'exequatur. Si l'on considère que l'ordre public de référence était celui de la mesure provisoire, on constate que le motif de non-reconnaissance serait un peu abstrait. Quel est cet ordre public procédural lié à une mesure à titre provisoire ?

Il semble que l'Article V (2) (b) permettrait aux parties d'invoquer le refus d'exequatur pour violation de l'ordre public, fondé sur le fait que la mesure octroyée n'existe pas dans la juridiction saisie. En fait, à partir du moment où la Convention ne traite pas de cette hypothèse, le juge saisi pourrait conclure sur l'impossibilité d'exécuter une telle mesure inexistante dans sa juridiction.

Quels autres arguments pourraient être invoqués afin d'empêcher l'exécution d'une telle mesure ? La réponse à cette question ne semble pas claire. Ainsi, en vertu de ces critiques et, surtout, des questions non traitées par la Convention de New York, on peut confirmer l'inadéquation de ce texte vis-à-vis de la matière des mesures provisoires. C'est la raison pour laquelle la Loi type de 1985 a été modifiée en 2006, portant création d'un système d'exécution des mesures à titre provisoire.

### § 2. Le système d'assimilation nuancé apporté par la révision en 2006 de la Loi type de 1985

La Loi type de la CNUDCI vise à traduire un consensus mondial sur les principes et les points plus importants de la pratique de l'arbitrage afin qu'ils soient transposés aux législations nationales des États du monde entier. En 2006, la Commission a adopté le chapitre IV A sur les mesures provisoires et les injonctions préliminaires. Celui-ci a conservé la substance des deux phrases de l'Article 17 de la Loi type de 1985 et a ajouté de nouvelles dispositions organisées entre les Articles 17 à 17 J. En ce sens, l'Article 17 de la Loi de 1985 comportait deux obligations. La première phrase autorisait les tribunaux arbitraux à ordonner, sauf convention contraire, « toute partie de prendre toute mesure provisoire ou conservatoire qu'il juge nécessaire en ce qui concerne l'objet du différend ». La deuxième phrase disposait que le tribunal arbitral pouvait « exiger de toute partie le versement d'une provision appropriée ».

Le groupe de travail a convenu que les modifications apportées par le « chapitre IV A » étaient nécessaires à la lumière des rapports des praticiens et des institutions d'arbitrage selon lesquels les parties demandent de plus en plus des mesures provisoires, mais que l'efficacité de l'arbitrage international pourrait être compromise par l'incertitude de la Loi type de 1985 et l'absence de prévisions sur ce sujet dans des lois nationales[172]. En effet, « l'objectif poursuivi a été de tenir compte des spécificités de telles mesures [173] ». Parmi ces changements, l'Article 17 H a eu comme but d'énoncer des normes régissant la force exécutoire des mesures provisoires ou conservatoires en visant à aider les juridictions étatiques à évaluer l'effet de ces mesures. Au sein de l'Article 17 (1) de ce texte, il est déterminé que : « Une mesure provisoire prononcée par un tribunal arbitral est reconnue comme ayant force obligatoire et, sauf indication contraire du tribunal arbitral, est exécutée sur demande adressée au tribunal compétent, quel que soit le pays où elle a été prononcée, sous réserve des dispositions de l'Article 17 I. »

---

[172] M. HOLTZMANN *et al.*, *op. cit.*, p. 165.
[173] J.-B. RACINE, 2007, *op. cit.*, p. 114.

En interprétant cette disposition en combinaison avec l'Article 17 (2) de ce texte, on remarque que la Loi type prescrit aux parties de rechercher l'exécution judiciaire des mesures à titre provisoire, sans considérer ces mesures comme des « sentences arbitrales ». En renouvelant le principe d'indifférence de la forme, déjà adressé dans cet ouvrage, le chapitre IV A échappe aux discussions sur la compatibilité de la mesure à titre provisoire avec le concept d'une sentence selon la Convention de New York et adopte un mécanisme *sui generis* d'exécution, selon certains auteurs[174].

Toutefois, ce système serait-il véritablement *sui generis*, efficace, innovateur ? Apporterait-il des solutions aux critiques adressées au régime de la Convention de New York ? Afin de bien évaluer les nouveaux dispositifs inclus dans la loi modèle, il faut d'abord préciser les questions non traitées par la Convention de New York en matière d'exécution des mesures à titre provisoire (A) pour, ensuite, envisager les solutions apportées par ce texte sur cette matière (B).

### *(A) Les questions non traitées par la Convention de New York*

On a vu que la soumission de la mesure à titre provisoire au régime de la Convention de New York peut poser des enjeux délicats. On a eu l'opportunité de revenir sur les divergences liées à l'autorité de la chose jugée au provisoire et les conséquences de la transposition des motifs de non-reconnaissance et refus d'exequatur d'une sentence finale à cette matière. L'inadéquation de ce texte résulte du fait que la Convention de New York a également été envisagée pour l'exécution de sentences finales, mais pas pour des mesures à titre provisoire.

---

[174] G. B. BORN, *op. cit.*, p. 2025.

De ce fait, on constate également que plusieurs questions profondément liées aux particularités du domaine de mesures à titre provisoire ne sont pas traitées par la Convention de New York. La première question à laquelle ce texte ne répond pas est celle de connaître les effets d'une modification, suspension ou annulation d'une telle mesure par l'arbitre dans un moment postérieur à l'obtention de l'exequatur. Le texte est silencieux à cet égard. La mesure qui a fait l'objet d'exequatur verrait-elle ses effets révoqués par la juridiction saisie après que l'arbitre l'a retraitée ? La partie qui a obtenu l'exequatur aurait-elle dû informer le juge étatique ?

Comme ce fut abordé auparavant, la mesure à titre provisoire n'acquiert pas autorité de la chose jugée au principal de sorte que la partie bénéficiairc de celle-ci peut perdre au fond du litige. Cela démontre, par conséquent, le risque associé à l'octroi d'une mesure[175]. En fait, il est raisonnable que l'exécution provisoire ordonnée par un arbitre puisse être subordonnée à la constitution d'une garantie, pour répondre de toutes les restitutions ou aux réparations dues au profit de la partie déboutée, laquelle verrait réformer la sentence au fond et la décision exécutée provisoirement. En ce sens, le juge d'exécution pourrait-il demander une garantie alors que ce pouvoir relève de la compétence exclusive de l'arbitre ? Le non-respect de la constitution de la garantie demandée serait-il un motif de non-reconnaissance et de refus d'exequatur de la demande d'exécution ?

Attentives aux enjeux susmentionnés, les juridictions québécoises sont les seules parmi les juridictions étudiées à avoir ajouté une solution à cet égard. L'Article 647 du Code de procédure civil québécois précise que le non-

---

[175] À cet égard, v. W. WANG, « International Arbitration: The Need for Uniform Interim Measures of Relief », *Brook. J. Int'l L* 2002, n° 22, p. 1059-1099, spéc. p. 1074/0175.

respect de la demande de cautionnement est un motif de refus de reconnaissance et exécution[176]. De plus, il indique que le tribunal saisi peut ordonner à la partie qui demande l'homologation de la mesure à titre provisoire de fournir un cautionnement si l'arbitre ne s'est pas déjà prononcé sur ce sujet ou lorsqu'une telle décision est nécessaire pour protéger les droits de tiers. La Convention de New York, cependant, est silencieuse sur ce sujet.

Par ailleurs, chaque juridiction étatique vérifie l'existence de types différents des mesures à titre provisoire. Par exemple, il existe dans le droit anglais un type d'injonction appelé « Mareva » ou « *freezing order* » qui n'existe pas forcément dans les autres pays. Il s'agit d'un ordre adressé au débiteur lui ordonnant de geler tout ou partie de ses biens, indépendamment du lieu où ils se trouvent[177]. Que se passerait-il si ce type de mesure est rendu par l'arbitre alors même qu'elle n'existerait pas dans le pays dans lequel l'exécution était envisagée ?

### *(B) Les solutions apportées par la Loi type de la CNUDCI de 1985*

L'examen des solutions apportées par la modification de 2006 de la Loi type de la CNUDCI est un sujet de grande importance, car ses règles sur la matière des mesures provisoires et conservatoires ont été transposées

---

[176] L'Article 647 du CPC québécois détermine que : « Le tribunal saisi d'une demande d'homologation d'une mesure provisionnelle ou de sauvegarde peut la refuser si la décision de l'arbitre d'exiger un cautionnement n'a pas été respectée ou si la mesure a été rétractée ou suspendue par l'arbitre. Le tribunal saisi peut ordonner à la partie qui demande l'homologation de fournir un cautionnement si l'arbitre ne s'est pas déjà prononcé à ce sujet ou lorsqu'une telle décision est nécessaire pour protéger les droits de tiers. »

[177] H. GAUDEMET-TALLON, *op. cit.*, p. 408.

intégralement dans des pays comme l'Australie[178], la Belgique[179], l'Irlande[180] et la Nouvelle-Zélande[181]. Tout d'abord, il faut souligner que l'un des objectifs principaux de la modification de la Loi type était d'assurer la force exécutoire de la mesure à titre provisoire rendue par l'arbitre, en contribuant à l'efficacité de la prestation juridictionnelle de l'arbitre, conformément à l'Article 17 (H) (1) de ce texte[182]. Selon le groupe de travail responsable du développement de la nouvelle loi, cette matière nécessite d'être harmonisée, car dans certaines circonstances, une mesure provisoire exécutoire peut dans la pratique être aussi importante qu'une sentence finale sur le fond[183].

En décidant de ne pas prendre une position sur la discussion de la compatibilité de la Convention de New

---

[178] En 2010, il y a eu un certain nombre de modifications récentes à l'*International Arbitration Act 1974 (Cth)* (*IAA*) qui régit l'arbitrage international en Australie, qui mettent en œuvre les révisions de 2006 de la Loi type de la CNUDCI.

[179] Par une Loi du 24 juin 2013, le législateur fédéral belge a profondément reformé le droit belge de l'arbitrage, en s'inspirant largement de la Loi type de la CNUDCI modifiée en 2006.

[180] La Loi de 2010 sur l'arbitrage adopte la Loi type de la CNUDCI, telle que modifiée en 2006. La Loi type de la CNUDCI est reproduite dans son intégralité en tant qu'annexe à la loi. L'Article 6 de la Loi de 2010 sur l'arbitrage dispose que, sous réserve des dispositions de cette loi, la Loi type a force de loi dans l'État.

[181] La Nouvelle-Zélande a adhéré à la Convention de New York le 6 janvier 1983 et a adopté la Loi type de 1985 le 2 septembre 1996. Elle a également été l'un des premiers pays à adopter les amendements de 2006, par la Loi de 2007 qui a modifié sa loi d'arbitrage.

[182] Cf. le rapport du Groupe de travail sur l'arbitrage, UN, *Working Group II (Arbitration and Conciliation) thirty-sixth session*, doc. A/CN.9/WG.II/WP.119, New York, 30 janvier 2002, p. 1-33, spéc. para. 2, p. 3.

[183] Cf. le rapport du Groupe de travail sur l'arbitrage, UN, *Working Group on Arbitration thirty-second session*, doc. A/CN.9/WG.II/WP.108, Vienne, 26 janvier 2000, para. 73, p. 440.

York avec les mesures à titre provisoire, la Loi type a prévu un système propre d'exécution de ces mêmes mesures. En cherchant à répondre aux besoins spécifiques de la matière, l'arbitre pourrait rendre soit une ordonnance soit une sentence, car toutes les deux seraient exécutoires dans le pays de la juridiction saisie, quel que soit le siège de l'arbitrage[184]. Pour structurer ce système, la Loi type de 2006 a choisi une rédaction complexe et détaillée, ce qui rend plus difficile son adoption à l'échelon mondial telle qu'envisagée par le projet initial, indépendamment de la qualité de ce texte.

Les solutions elles-mêmes étaient dûment critiquées[185], car six ans ont été dévolus à la création d'un système pour l'exécution des mesures en question pour qu'au final, ce nouveau texte préserve les mêmes sources de problèmes du système d'assimilation. Alors même que le texte insiste sur l'indifférence de la forme[186], le groupe de travail a décidé d'appliquer les motifs de non-reconnaissance et refus d'exequatur d'une sentence finale à la mesure à titre provisoire[187]. Les Articles 17 (I) (1) (a) (i) et 17 (I) (1) (b)

---

[184] L'Article 17 (H) (1) détermine que : « Une mesure provisoire prononcée par un tribunal arbitral est reconnue comme ayant force obligatoire et, sauf indication contraire du tribunal arbitral, est exécutée sur demande adressée au tribunal compétent, quel que soit le pays où elle a été prononcée, sous réserve des dispositions de l'Article 17 I. »

[185] J.-B. RACINE, 2007, *op. cit.*, p. 378.

[186] J.-B. RACINE, 2007, *op. cit.*, p. 123 ; M. HOLTZMANN *et al.*, *op. cit.*, p. 164/165.

[187] À cet égard, v. ce que détermine l'Article 17 I et 36 de la Loi type de 1985 avec les modifications de 2006 : « Article 17 I. Motifs du refus de la reconnaissance ou de l'exécution – 1) La reconnaissance ou l'exécution d'une mesure provisoire ne peut être refusée que : a) à la demande de la partie contre laquelle cette mesure est invoquée, si le tribunal a la conviction : i) que ce refus est justifié par les motifs exposés à l'Article 36-1 a i, ii, iii ou iv ; ou ii) que la décision du tribunal arbitral concernant la constitution d'une garantie en rapport avec la mesure provisoire qu'il a prononcée n'a pas été respectée ; ou

de ce texte renvoient à l'Article 36 (1) (a) et (b) les motifs de non-reconnaissance d'une mesure à titre provisoire, une version fidèle de l'Article V de la Convention de New

---

iii) que la mesure provisoire a été rétractée ou suspendue par le tribunal arbitral ou, lorsqu'il y est habilité, annulée ou suspendue par le tribunal de l'État dans lequel a lieu l'arbitrage ou conformément à la loi duquel cette mesure a été accordée ; ou b) si le tribunal constate : i) que la mesure provisoire est incompatible avec les pouvoirs qui lui sont conférés, à moins qu'il ne décide de reformuler. Article 36. Motifs du refus de la reconnaissance ou de l'exécution – 1) La reconnaissance ou l'exécution d'une sentence arbitrale, quel que soit le pays où elle a été rendue, ne peut être refusée que : a) sur la demande de la partie contre laquelle elle est invoquée, si ladite partie présente au tribunal compétent auquel est demandée la reconnaissance ou l'exécution de la preuve : i) qu'une partie à la convention d'arbitrage visée à l'Article 7 était frappée d'une incapacité ; ou que ladite convention n'est pas valable en vertu de la loi à laquelle les parties l'ont subordonnée ou, à défaut d'une indication à cet égard, en vertu de la loi du pays où la sentence a été rendue ; ou ii) que la partie contre laquelle la sentence est invoquée n'a pas été dûment informée de la désignation d'un arbitre ou de la procédure arbitrale, ou qu'il lui a été impossible pour une autre raison de faire valoir ses droits ; ou iii) que la sentence porte sur un différend non visé dans le compromis ou n'entrant pas dans les prévisions de la clause compromissoire, ou qu'elle contient des décisions qui dépassent les termes du compromis ou de la clause compromissoire, étant entendu toutefois que, si les dispositions de la sentence qui ont trait à des questions soumises à l'arbitrage peuvent être dissociées de celles qui ont trait à des questions non soumises à l'arbitrage, seule la partie de la sentence contenant des décisions sur les questions soumises à l'arbitrage pourra être reconnue et exécutée ; ou iv) que la constitution du tribunal arbitral, ou la procédure arbitrale, n'a pas été conforme à la convention des parties ou, à défaut d'une telle convention, à la loi du pays où l'arbitrage a eu lieu ; ou v) que la sentence n'est pas encore devenue obligatoire pour les parties, ou a été annulée ou suspendue par un tribunal du pays ; b) si le tribunal constate que : i) l'objet du différend n'est pas susceptible d'être réglé par arbitrage conformément à la loi du présent État ; ou que ii) la reconnaissance ou l'exécution de la sentence serait contraire à l'ordre public du présent État. […] »

York[188]. Tous les motifs sont repris, sauf celui listé à l'alinéa (v) qui a été adapté et inséré dans un article distinct, notamment l'Article 17 (I) (1) (a) (iii), comme ce sera détaillé prochainement.

Alors même que cela aboutit à éviter les discussions sur les formalités à suivre par l'arbitre lors de la formulation de sa décision, en ce sens qu'il peut rendre une ordonnance au lieu d'une sentence, ce système reprend toutes les critiques adressées au système d'assimilation. Parmi elles, il faut rappeler les soucis d'interférence du juge étatique sur la compétence de l'arbitre pour trancher l'arbitrabilité du litige, la validité de la convention d'arbitrage et d'imprécision sur la portée de la violation de l'ordre public. Autrement dit, on observe que le système mis en place par la Loi type est en fait un mécanisme d'assimilation nuancé. Au lieu d'exiger le respect des formalités d'une sentence, le texte a permis à l'arbitre de rendre une mesure à titre provisoire sous forme d'ordonnance. Néanmoins, celle-ci pourrait être contestée pour les mêmes motifs applicables à une sentence finale.

D'autre part, il est à noter que la Loi de 1985 avec les amendements de 2006 a apporté des orientations importantes sur plusieurs matières non traitées par la Convention de New York. Premièrement, l'Article 17 (H) (2) répond à la question de savoir ce qui se passerait si la mesure à titre provisoire était suspendue, modifiée ou annulée après l'obtention de l'exequatur. Selon cet article[189], il est du rôle de la partie qui a obtenu l'exécution de la sentence d'informer « sans retard » le tribunal de toute rétractation, suspension ou modification de cette

---

[188] J.-B. RACINE, 2007, *op. cit.*, p. 379.

[189] L'Article 17 (H) de la Loi type détermine que : « La partie qui demande ou a obtenu la reconnaissance ou l'exécution d'une mesure provisoire informe sans retard le tribunal de toute rétractation, suspension ou modification de cette mesure. »

mesure. En ce sens, on permet que les effets de cette ordonnance puissent ne pas provoquer de dommages face au changement d'orientation du tribunal arbitral[190].

En second lieu, la Loi type de 1985 avec les modifications de 2006 a répondu à la question de la force exécutoire des mesures unilatérales. Selon l'Article 17 (B) (1) et (2), le tribunal arbitral peut octroyer une mesure unilatérale, à condition qu'il considère que la communication préalable de la demande de mesure provisoire à la partie contre laquelle elle est dirigée risque de compromettre cette mesure[191]. Toutefois, l'Article 17 (C) (5) prévoit expressément que cela « n'est pas susceptible d'exécution par un tribunal[192] », confirmant ainsi le caractère non exécutoire de ce type de mesure, face à la violation du contradictoire telle que déterminée par l'alinéa 36 (1) (a) (ii) de ce texte.

Par ailleurs, l'Article 17 (H) (3) établit tout un régime de protection au profit de la partie contre laquelle la mesure provisoire est demandée[193], permettant au juge

---

[190] M. HOLTZMANN *et al.*, *op. cit.*, p. 183 ; voir le rapport du groupe de travail sur l'arbitrage, UN, *Report of the Working Group on Arbitration on the work of its thirty-eighth session*, doc. A/CN.9/524, Vienne, 2 june 2003, p. 1-52, spéc. para. 70 et 71, p. 488.

[191] L'Article 17 (B) (1) et (2) détermine que : « 1) sauf convention contraire des parties, une partie peut présenter, sans le notifier à aucune autre partie, une demande de mesure provisoire ainsi qu'une requête aux fins d'ordonnance préliminaire enjoignant à une partie de ne pas compromettre la mesure provisoire demandée. 2) Le tribunal arbitral peut prononcer une ordonnance préliminaire à condition qu'il considère que la communication préalable de la demande de mesure provisoire à la partie contre laquelle elle est dirigée risque de compromettre cette mesure. »

[192] L'Article 17 (C) (5) détermine que : « Une ordonnance préliminaire s'impose aux parties, mais n'est pas susceptible d'exécution par un tribunal. Cette ordonnance préliminaire ne constitue pas une sentence. »

[193] L'Article 17 (H) (3) détermine que : « Le tribunal de l'État où est demandée la reconnaissance ou l'exécution peut, s'il le juge bon,

étatique saisi d'ordonner au demandeur de constituer une garantie appropriée, même dans le cas où le tribunal arbitral ne s'est pas prononcé. De plus, la Loi type prévoit encore que le non-respect d'une telle ordonnance constitue l'un des motifs de refus de reconnaissance et d'exequatur de la mesure demandée, comme précisé par l'Article 17 (I) (1) (a) (ii). Il est à noter que la partie qui demande l'exécution d'une mesure à titre provisoire est responsable de tous les frais et de tous les dommages causés, conformément à l'Article 17 (G) de ce texte[194].

Au regard des motifs de refus de reconnaissance et d'exequatur, il est à noter que même si la Loi type a malheureusement renvoyé de manière indiscriminée aux motifs de refus de reconnaissance d'une sentence finale, l'Article 17 (I) a ajouté deux autres raisons importantes de déclinaison d'une demande d'exécution. Il faut se rappeler que la Convention de New York ne donnait pas une réponse sur la situation dans laquelle la mesure était réformée ou suspendue par le tribunal arbitral pendant la procédure d'exequatur. Pourtant, l'Article 17 (I) (1) (a) (iii) l'ajoute comme étant un motif de refus d'exequatur, en précisant que la reconnaissance ou l'exécution d'une mesure à titre provisoire peut être refusée lorsque « la

---

ordonner au demandeur de constituer une garantie appropriée si le tribunal arbitral ne s'est pas déjà prononcé concernant la garantie ou lorsqu'une telle décision est nécessaire pour protéger les droits de tiers. »

[194] L'Article 17 (G) détermine que : « La partie qui demande une mesure provisoire ou qui requiert une ordonnance préliminaire est responsable de tous les frais et de tous les dommages causés par la mesure ou l'ordonnance à une partie quelconque, si le tribunal arbitral décide par la suite qu'en l'espèce la mesure ou l'ordonnance n'aurait pas dû être prononcée. Le tribunal arbitral peut accorder réparation pour ces frais et dommages à tout moment pendant la procédure. »

mesure provisoire a été rétractée ou suspendue par le tribunal arbitral[195] ».

Cependant, cette disposition permet également qu'un recours devant la juridiction étatique du siège de l'arbitre puisse empêcher l'exécution de la mesure à titre provisoire – consécration de la voie de recours en annulation en matière de mesure à titre provisoire. On constate que le texte a repris le motif de non-reconnaissance de l'Article V (e) de la Convention de New York ou 36 (1) (a) (e) de la loi modèle, en l'adaptant à la matière des mesures à titre provisoire. Cette possibilité respecte la compétence concurrente des arbitres et juges étatiques, mais consacre également la possibilité d'interférence entre les juridictions. Une partie insatisfaite avec la décision arbitrale pourrait essayer de la rediscuter, par la saisine du juge étatique du siège de l'arbitrage ou à travers un recours en annulation. À ce sujet, le Code de procédure québécois a précisé dans son Article 647 que le tribunal saisi d'une demande d'homologation d'une mesure provisionnelle ou de sauvegarde puisse la refuser seulement si la mesure avait été rétractée ou suspendue par l'arbitre, ne prévoyant pas l'hypothèse dans laquelle elle avait été rétractée par le juge étatique du siège de la procédure.

Enfin, le motif de refus de reconnaissance inscrit dans l'Article 17 (1) (b) (i) répond également à la question de savoir ce qu'il se passe lorsque la mesure rendue par l'arbitre n'existe pas dans le pays où l'exécution est

---

[195] L'Article 17 (I) (1) (a) (iii) détermine que : « La reconnaissance ou l'exécution d'une mesure provisoire ne peut être refusée que : a) à la demande de la partie contre laquelle cette mesure est invoquée, si le tribunal a la conviction : […] iii) que la mesure provisoire a été rétractée ou suspendue par le tribunal arbitral ou, lorsqu'il y est habilité, annulée ou suspendue par le tribunal de l'État dans lequel a lieu l'arbitrage ou conformément à la loi duquel cette mesure a été accordée. »

envisagée[196]. Selon ce dispositif, la reconnaissance ou l'exécution d'une mesure à titre provisoire peut être refusée si le tribunal constate que « la mesure est incompatible avec les pouvoirs qui lui sont conférés ». Ainsi, si le juge étatique n'a pas le pouvoir d'octroyer la mesure qui fait l'objet de l'exequatur, le juge ne pourra pas donner force exécutoire à une telle mesure[197]. Toutefois, cet article précise que le juge ne doit pas refuser l'exequatur systématiquement, vu qu'il peut décider de reformuler cette mesure autant que nécessaire pour l'adapter à ses propres pouvoirs et procédures aux fins de la faire exécuter sans en modifier le fond.

Par conséquent, la modification de la Loi type réalisée en 2006 cherche à retenir les meilleurs avantages du système d'assimilation et d'assistance au juge, comme sera analysé prochainement, en créant, pourtant, un mécanisme d'exécution de mesure à titre provisoire assez complexe et, malheureusement, critiquable. En effet, elle envisage d'assurer la force exécutoire d'une mesure provisoire mais la soumet aux mêmes motifs de non-reconnaissance qu'une sentence finale. Toutefois, elle apporte simultanément des précisions importantes sur la matière qui faisait l'objet d'une grande insécurité juridique au sein du système d'assimilation.

---

[196] L'Article 17 (1) (b) (i) détermine que : « La reconnaissance ou l'exécution d'une mesure provisoire ne peut être refusée que : b) si le tribunal constate que : (i) la mesure provisoire est incompatible avec les pouvoirs qui lui sont conférés, à moins qu'il ne décide de reformuler cette mesure autant qu'il est nécessaire pour l'adapter à ses propres pouvoirs et procédures aux fins de la faire exécuter sans en modifier le fond. »

[197] À titre illustratif, J.-B. RACINE informe que si l'arbitre avait octroyé une injonction *Mareva*, cela ne pourrait pas être exécutée en France, v. J.-B. RACINE, 2007, *op. cit.*, p. 128/130 ; F. EMARA, *op. cit.*, p. 408/409.

## TITRE II – L'OUVERTURE NÉCESSAIRE AU SYSTÈME D'ASSISTANCE AU JUGE

Le système d'assistance au juge peut être défini comme un mécanisme d'exécution simplifié des mesures à titre provisoire, fondé selon le droit commun des États. Contrairement au système d'assimilation qui adopte un régime essentiellement identique à celui applicable aux sentences étrangères finales, l'assistance au juge prévoit une procédure adaptée à la nature de la décision en question. Face à de nombreuses imprécisions sur la compatibilité d'une mesure à titre provisoire avec la définition et les caractéristiques d'une sentence, il est nécessaire que les ordres juridiques s'ouvrent au système d'assistance au juge.

Il est à noter que la CNY n'oppose pas de barrières à l'intervention des tribunaux visant à assurer la force exécutoire des mesures à titre provisoire. D'abord, la propre applicabilité de ce texte en matière des mesures à titre provisoire est controversée, variant selon la juridiction étatique étudiée. Ensuite, même dans le cas où elle serait applicable, l'existence d'un mécanisme de reconnaissance plus simplifié doit primer sur le droit conventionnel qui est plus rigoureux[198].

Toutefois, le mécanisme d'assistance était initialement conçu pour les demandes d'exécution des mesures à titre provisoire rendues par des tribunaux arbitraux situés sur le territoire national du siège de l'arbitrage. Cela est justifié, car à l'époque où les lois nationales d'arbitrage en question sont entrées en vigueur, le phénomène de la délocalisation du siège de l'arbitrage et la mobilité internationale des biens n'étaient pas l'objet principal de développements législatifs. C'est la raison pour laquelle la majorité d'entre elles n'a pas expressément prévu

---

[198] M. ALI-BAHMAEIM, *op. cit.*, p. 254.

l'applicabilité de ce régime aux arbitrages ayant leur siège à l'étranger.

Cependant, l'absence d'autorisation expresse à cet égard ne signifie pas qu'une telle assistance internationale puisse être interdite. Sauf l'Angleterre qui a limité l'assistance du juge aux procédures situées sur son territoire, toutes les autres législations analysées ont étendu ce régime aux mesures à titre provisoire prononcées à l'étranger, soit à travers une disposition claire de la loi d'arbitrage en vigueur, soit par une interprétation libérale de la doctrine.

Or, dans un premier temps il convient d'expliquer cette tendance à la perte d'estime du siège de l'arbitrage en faveur de l'efficacité de la mesure arbitrale (Section I). Dans un second temps, il conviendra de transposer cette analyse au cas concret du Brésil, dont la législation d'arbitrage n'a prévu l'existence de ce système d'assistance que récemment et sans avoir prévu de dispositions relatives à son applicabilité aux arbitrages ayant leur siège à l'étranger (Section II).

## Section I – La déconsidération du siège de l'arbitrage en faveur de l'efficacité de la mesure

Le système d'assistance au juge est fondé sur le droit commun des États et s'opère selon les lois locales procédurales. En tant que lois nationales, celles-ci ont été conçues pour résoudre les différends situés sur le territoire national, car elles sont calquées sur l'organisation et la structure juridique de la magistrature interne du pays dans lequel elles s'appliquent[199]. Alors même qu'il existe un large panel de régimes juridiques possiblement applicables au sein d'un arbitrage international, le fait que le siège de l'arbitrage soit situé sur le territoire national permet que sa

---

[199] D. LEW *et al.*, *op. cit.*, p. 611.

structure, ses principes et valeurs puissent exercer une certaine influence sur la régularité de la procédure – d'où l'importance de la *lex arbitri* dans un arbitrage.

Au départ, les juridictions étatiques ne semblaient pas préparées à recevoir des demandes relatives à des mesures totalement étrangères à leur culture juridique, en particulier des décisions à titre provisoire rendues par des tribunaux arbitraux ne siégeant pas sur leur territoire. Si les sentences arbitrales avaient la CNY comme texte unificateur international, permettant la mise en œuvre des règles minimales de conformité afin qu'une sentence étrangère puisse produire ses effets sur le territoire national, la matière des mesures à titre provisoire ne possède quant à elle pas de tel texte propre à ses besoins. En effet, l'exécution d'une mesure à titre provisoire rendue à l'étranger au travers d'une procédure simplifiée d'exécution pose des enjeux considérables, en ce sens qu'elle produirait des effets directs, soit sur la personne qui domiciliée sur le territoire national, soit sur ses actifs.

C'est la raison pour laquelle il existait et existe encore de vraies barrières au respect d'une telle décision émanant d'un « tribunal arbitral étranger », car, souvent, la loi nationale soit ne prévoit pas la possibilité pour les juridictions étatiques locales d'exécuter ce type d'assistance[200], soit la limite aux arbitrages ayant lieu dans

---

[200] Par exemple, en Suède, une mesure provisoire rendue par des arbitres n'est pas exécutoire étant donné que les arbitres n'ont pas le pouvoir de contrainte. Lorsqu'une partie doit exiger une exécution immédiate, une ordonnance au tribunal peut être préférable en raison de son caractère exécutoire, v. P. SHAUGHNESSY, *op. cit.*, p. 106. La Roumanie est un autre exemple qui peut être cité, car une ordonnance de mesures provisoires ou conservatoires émises par un tribunal arbitral à l'étranger n'est pas exécutoire en vertu de la loi roumaine, v. THE IN-HOUSE LAWYER, *What interim measures are available? Will local courts issue interim measures pending the constitution of the tribunal?*, The In-House Lawyer, 2018. Cf. également l'Article 818 du CPC italien qui détermine que : « Les

son ressort[201]. Toutefois, lorsqu'on analyse le principe fondateur de l'arbitrage, on constate que la flexibilité est sa pierre angulaire, de sorte que la procédure devrait s'adapter aux droits légitimes des cocontractants. En réalité, la participation des parties de différentes traditions juridiques à une instance conduirait, inévitablement, à ce que la procédure ait lieu dans des endroits où aucune des parties n'aurait d'actifs ni d'opérations commerciales.

Par conséquent, il faut se détacher du dogme du lieu du siège de l'arbitrage afin de faire primer l'efficacité de la mesure, amenant ainsi à consacrer la coopération internationale entre la juridiction arbitrale et l'étatique (§ 1). Ce n'est qu'après avoir compris cet aspect que nous pourrons nous pencher sur les caractéristiques du système d'assistance au juge (§ 2).

### § 1. La consécration de la coopération internationale du juge étatique dans le déroulement de la procédure arbitrale

Afin d'expliquer la consécration de la coopération internationale entre le juge étatique et la juridiction arbitrale en matière d'exécution de mesures à titre provisoire, il faut d'abord comprendre les liens entre ces mesures et le siège du tribunal arbitral (A). Ensuite, une attention particulière sera portée à la compétence internationale des juges étatiques notamment à Hong Kong, en Allemagne et en Suisse, en matière d'exécution des mesures rendues à l'étranger (B).

---

arbitres ne peuvent pas rendre des mesures provisoires de protection » (traduction libre) ; A. CARLEVARIS, *op. cit.*, p. 272.

[201] D. LEW *et al.*, *op. cit.*, p. 612-614 ; T. KOJOVIC, *op. cit.*, p. 4.

### *(A) Le lien entre les mesures à titre provisoire et le siège de l'arbitrage*

L'étude du lien entre les mesures à titre provisoire et le siège de l'arbitrage aura comme plan de fond l'ordre juridique anglais, car le régime simplifié d'exécution mis en place par ce pays est limité aux arbitrages ayant son siège en Angleterre [202]. Ainsi, par l'analyse de sa législation on essayera de démontrer les principes qui fondaient, au départ, la restriction du champ d'application de ce type de système.

Brièvement, l'Article 42 de loi anglaise d'arbitrage (*The Arbitration Act 1996*) détermine les règles applicables au mécanisme d'assistance au juge anglais. Pour qu'une telle assistance puisse être entreprise, il faut d'abord que le demandeur ait épuisé tous les moyens disponibles au sein de l'arbitrage pour faire respecter la décision du tribunal arbitral[203].

Si la partie contre laquelle la mesure est prononcée ne la respecte pas, les arbitres peuvent rendre une « ordonnance péremptoire », en prescrivant le délai volontaire d'exécution[204]. Cette ordonnance sera soumise au juge étatique pour qu'il puisse la faire exécuter à travers son pouvoir d'imperium[205]. Il est à noter que la saisine du juge étatique peut être faite non seulement par la partie qui a demandé la mesure, mais aussi par les

---

[202] D. LEW *et al.*, *op. cit.*, p. 611 ; A. YESILIRMAK, *op. cit.*, p. 258. Sur ce sujet, l'assistance du juge en Bolivie est également limitée aux arbitrages ayant leur siège dans son territoire, cf. Article 36 de la loi d'arbitrage bolivienne (*Ley Boliviana de Arbitraje y Conciliación de 1997*).

[203] À cet égard, v. l'Article 42 (3) de la loi anglaise d'arbitrage.

[204] V. l'Article 41 (5) de la loi anglaise d'arbitrage.

[205] V. l'Article 42 (1) de la loi anglaise d'arbitrage.

arbitres eux-mêmes[206]. Ainsi, le juge étatique vérifiera si le délai prescrit dans « l'ordonnance péremptoire » a été respecté et, à défaut, il rendra cet ordre exécutoire[207].

Comme déjà expliqué, ce système d'assistance du juge est applicable seulement dans le cas où l'arbitrage a son siège en Angleterre. Une autre possibilité existe lorsque le siège n'a pas encore été déterminé – il s'agit de l'exercice de la compétence du juge anglais en fonction de l'existence d'un lien de rattachement avec le territoire anglais[208]. C'est sur l'expression « existence d'un lien de rattachement » que l'on doit approfondir nos recherches.

Afin qu'un juge puisse retenir sa compétence pour faire exécuter une mesure arbitrale à titre provisoire, il faut qu'il y ait un lien de connexité avec la juridiction du juge étatique saisi. À défaut, cela pourrait aboutir à un conflit de décisions et à un problème de souveraineté, car une autre juridiction pourrait être compétente dans ce cas de figure. Cette question a été précisée par S. R. Bond – ce dernier affirme que l'exercice du pouvoir d'accorder une mesure intérimaire, lorsqu'il y a des éléments étrangers, « empiète sur la question de la souveraineté étatique. Un

---

[206] À cet égard, l'Article 42 (2) de la loi anglaise d'arbitrage détermine que : « Une demande d'ordonnance en vertu du présent article peut être faite a) par le tribunal (sur avis aux parties), b) par une partie à la procédure arbitrale avec la permission du tribunal (et sur avis aux autres parties), ou c) lorsque les parties ont convenu que les pouvoirs du tribunal en vertu du présent article sont disponibles » (traduction libre).

[207] V. l'Article 42 (4) de la loi anglaise d'arbitrage.

[208] V. l'Article 2 de la loi anglaise d'arbitrage ; M. ALI-BAHMAEIM, *op. cit.*, p. 256 ; J. POUDRET et S. BESSON, *op. cit.*, p. 516 ; J. SCHAEFER, « New Solutions for Interim Measures of Protection in International Commercial Arbitration: English, German and Hong Kong Law Compared », *Electronic Journal of Comparative Law* 1998, vol. 2.2, p. 1-40, spéc. p. 10-16.

tribunal, en tant qu'organisme d'un État, doit être particulièrement attentif sur ce point [209] ».

Avant l'entrée en vigueur de la loi anglaise de 1996, ce lien de rattachement devait être particulièrement fort et spécifique au pays, étant donné que même le choix des parties de placer le siège de l'arbitrage en Angleterre ne justifiait pas l'exercice de la compétence du juge étatique. L'affaire *Voest-Alpine Aktiengesellschaft c. Ken-Ren Chemicals et Fertilizers Limited* de 1992 fournit une illustration à cet égard[210]. Il s'agissait d'un contrat de fournitures qui contenait une clause compromissoire au Règlement CCI. La loi applicable choisie par les parties était la loi autrichienne et le siège de la procédure était à Londres. *Voest-Alpine Aktiengesellschaft* a fait une demande de constitution de garantie au tribunal arbitral, pour les frais d'arbitrage face à la liquidation de *Ken-Ren Chemicals et Fertilizers Limited.* Le juge Hirst de la *Queen's Bench Division de la High Court* a refusé d'ordonner l'exécution de la décision des arbitres, vu que « les tribunaux anglais doivent être prudents lorsqu'on leur demande d'ordonner un dépôt de garantie pour couvrir les frais lors d'un arbitrage international ».

En considérant que les parties n'avaient pas de liens avec l'Angleterre en dehors du siège de l'arbitrage, le juge Hirst a précisé que « il ne serait pas approprié, sur le plan des principes, que la Cour exerce son pouvoir discrétionnaire en faveur d'une ordonnance exigeant un dépôt de garantie couvrant les frais[211] ». Cette affaire étant antérieure à la promulgation de la loi de 1966, la nouvelle loi a expressément déterminé que le siège de l'arbitrage

---

[209] S. R. BOND, *op. cit.*, p. 14.

[210] Queen's Bench Division (Commercial Court) de la High Court, 3 septembre 1992, *Voest-Alpine Aktiengesellschaft c. Ken-Ren Chemicals et Fertilizers Limited.*

[211] S. R. BOND, *op. cit.*, p. 14.

devait être considéré comme un facteur de connexion, conformément à l'Article 2 (1) de ce texte[212]. Or, en choisissant le siège de l'arbitrage en Angleterre, celui-ci établirait une compétence du juge étatique pour assister les parties à l'exécution des mesures provisoires rendues pendant la procédure arbitrale.

Mais qu'est-ce que le siège de l'arbitrage ? Quelle est son importance et quel est son rôle vis-à-vis de la procédure ? Pourquoi aboutit-il à créer un lien de connexion entre la juridiction du siège et l'arbitrage ?

Tout d'abord, il est à préciser que le choix du siège de l'arbitrage dans un pays quelconque ne signifie pas nécessairement la fixation de la localisation géographique des audiences et des rencontres des arbitres[213]. En réalité, le siège de l'arbitrage est vu comme le lien juridique entre l'arbitrage et la juridiction de l'État choisi[214], de sorte que cette décision produira des effets légaux sur toute la procédure arbitrale[215]. La loi du pays du siège, aussi appelée *lex arbitri*, jouera un rôle de contrôle sur les aspects externes et internes de l'arbitrage[216]. Selon N. Blackaby, A. Redfern et M. Hunter, la *lex arbitri* peut

---

[212] À cet égard, l'Article 2 (1) de la loi anglaise d'arbitrage détermine que : « Champ d'application des dispositions. (1) Les dispositions de la présente partie s'appliquent lorsque le siège de l'arbitrage est en Angleterre et au Pays de Galles ou en Irlande du Nord » (traduction libre).

[213] En ce sens, la majorité des lois nationales et règlements d'arbitrages permettent que les audiences et rencontres des arbitres aient lieu dans plusieurs localisations de façon à faciliter le déroulement de la procédure arbitrale.

[214] J. POUDRET et S. BESSON, *op. cit.*, p. 101.

[215] Pour une étude complète du rôle, concept et implications juridiques du siège de l'arbitrage, v. G. B. BORN, *op. cit.*, p. 1287-1347 ; J. POUDRET et S. BESSON, *op. cit.*, p. 83-119 ; C. SERAGLINI et J. ORTSCHEIDT, *op. cit.*, p. 760-773.

[216] G. B. BORN, *op. cit.*, p. 1287-1294 ; C. SERAGLINI et J. ORTSCHEIDT, *op. cit.*, p. 760/761.

être définie comme l'ensemble des règles applicables à la procédure, extérieur à la convention d'arbitrage[217]. Cette loi régira notamment les questions de désignation du pays de la procédure d'annulation de la sentence arbitrale, de nomination et de récusation des arbitres, du rôle des tribunaux dans la constitution du tribunal arbitral, et des motifs d'annulation, de reconnaissance et l'exécution de la sentence.

En réalité, il existe un vrai débat pour savoir dans quelle mesure le respect des dispositions de la loi du siège de l'arbitrage est véritablement obligatoire. À ce propos, on constate une division de la doctrine entre ceux qui défendent une conception territoriale d'une part, et ceux qui soutiennent une perception délocalisée de l'arbitrage international[218] d'autre part. Plusieurs pays vont limiter l'application de leurs dispositions impératives aux arbitrages qui se déroulent dans leur territoire. Cependant, il existe des législations nationales qui ont vocation de s'appliquer « universellement », en permettant aux arbitrages du monde entier de bénéficier des dispositions de leurs législations.

Indépendamment du débat théorique exposé ci-dessus, on constate que, particulièrement pour la matière des mesures à titre provisoire, le siège de l'arbitrage va jouer un rôle important pour justifier le lien de rattachement avec le litige. La compétence de l'arbitre en matière de mesure à titre provisoire relève de la loi procédurale de l'arbitrage qui est établie, en effet, par la *lex arbitri*[219]. Il

---

[217] A. REDFERN et H. HUNTER, *op. cit.*, p. 175.

[218] À cet égard, v. M. AUDIT, S. BOLLÉE et P. CALLE, *op. cit.*, p. 669/670 ; C. SERAGLINI et J. ORTSCHEIDT, *op. cit.*, p. 760/761 ; J. POUDRET et S. BESSON, *op. cit.*, p. 93-95 ; G. B. BORN, *op. cit.*, p. 1297-1299.

[219] G. B. BORN, *op. cit.*, p. 1293 ; J. POUDRET et S. BESSON, *op. cit.*, p. 534 ; A. YESILIRMAK, *op. cit.*, p. 54-55 ; D. LEW *et al.*,

existe des juridictions qui prescrivent une compétence exclusive des juridictions étatiques, d'autres qui prescrivent une compétence concurrente ou subsidiaire des juridictions étatiques vis-à-vis de la juridiction des arbitres en cette matière. Or, à trop dépendre de la *lex arbitri*, le tribunal arbitral pourra se voir incompétent pour rendre une telle mesure. Ce rôle de la loi du siège est constaté dans des commentaires de la doctrine[220], tout autant que dans la jurisprudence[221].

En effet, l'option de limiter l'assistance du juge étatique aux arbitrages ayant leur siège dans le territoire national aboutit à assurer que l'arbitre applique la législation locale, en réduisant les situations dans lesquelles la mesure octroyée par l'arbitre ne pourrait pas être exécutée par le juge. De plus, ce choix permet également d'éviter les complications liées à l'hypothèse dans laquelle la mesure sollicitée n'existerait pas dans le for, car la *lex arbitri* et la *lex diligentiae* utilisées par l'arbitre coïncideront. En effet, on peut s'apercevoir que lorsque le siège de l'arbitrage se situe sur le territoire national, celui-ci établit un lien de proximité avec le litige. Dans ce cadre, la loi de ce pays a été choisie par les parties de sorte que ses dispositions obligatoires seront appliquées, en principe, sur certains aspects de la procédure arbitrale. En particulier, en matière des mesures à titre provisoire, l'arbitre fera attention à la loi du siège pour qu'il puisse se déclarer compétent pour octroyer des mesures à titre provisoire.

Cela étant dit, limiter l'assistance du juge étatique aux arbitrages ayant leur siège sur le territoire national est un facteur de connexion simple et permet d'assurer la

---

p. 586 ; A. REDFERN et H. HUNTER, *op. cit.*, p. 173 ; P. A. KARRER, *op. cit.*, p. 98.

220 G. B. BORN, *op. cit.*, p. 1062.

221 G. B. BORN, *op. cit.*, p. 1962.

prévisibilité de la procédure. Sa généralisation évite également les conflits de juridiction et les situations dans lesquelles la mesure demandée n'existerait pas dans la juridiction du for. Cependant, face au phénomène de la délocalisation du siège de l'arbitrage, il serait inopportun de limiter la collaboration du juge étatique à ce seul cas de figure. En réalité, le domicile du défendeur ou la localisation du bien peuvent se révéler comme créant un lien plus fort que le simple choix des parties d'avoir le siège de l'arbitrage dans un État quelconque.

Si l'assistance du juge était limitée aux arbitrages du ressort du siège, cela conduirait à remettre en cause l'efficacité de l'arbitrage. Évidemment, c'est à la juridiction du domicile du défendeur ou de la localisation du bien (non la localisation du siège de l'arbitrage) que revient la compétence d'exécuter une mesure de saisie des biens, par exemple. Ce principe de préférence de l'efficacité de l'arbitrage est la raison pour laquelle les législations hongkongaise et suisse ont décidé d'étendre expressément la compétence internationale de leurs juges, tout comme l'Allemagne, par une interprétation libérale de la doctrine à cet égard.

### *(B) La compétence internationale des juges suisses, allemands et hongkongais en matière d'assistance à l'arbitrage*

Contrairement au système d'assistance anglais qui est limité aux arbitrages ayant leur siège en Angleterre, la compétence d'appui des juges hongkongais [222] ,

[222] D. LEW *et al.*, *op. cit.*, p. 611 ; A. YESILIRMAK, *op. cit.*, p. 259 ; J. SCHAEFER, *op. cit.*, p. 24-27.

allemands[223] et suisses[224] inclut les procédures ayant leur siège à l'étranger.

La loi suisse sur l'arbitrage (*Swiss Arbitration Act*) qui compose le chapitre 12 de la Loi suisse de droit international privé (LDIP) n'a fait l'objet d'aucune modification durant ses 30 années d'existence. Cependant, ladite loi a été modifiée le 1^er^ janvier 2021 après d'intenses discussions et consultations menées entre les membres du pouvoir législatif et ceux de la communauté arbitrale qui désiraient faire du système d'arbitrage suisse une référence encore plus importante dans le domaine du commerce international.

Spécifiquement quant à l'exécution des mesures provisoires, « plusieurs participants au processus de consultation ont demandé que la possibilité à ces tribunaux ou aux parties à un arbitrage à l'étranger de requérir le concours du juge du lieu, en Suisse, de l'exécution des mesures provisionnelles ou de sûreté, ou de l'administration des preuves[225] ». Préalablement à la réforme, il existait encore des doutes en ce sens, bien que

---

[223] A. YESILIRMAK, *op. cit.*, p. 54-55 ; J. SCHAEFER, *op. cit.*, p. 18-22 ; M. ALI-BAHMAEIM, *op. cit.*, p. 254-256.

[224] A. YESILIRMAK, *op. cit.*, p. 54-55 ; D. GIRSBERGER et N. VOSER, *International Arbitration: Comparative and Swiss Perspectives*, Schulthess Juristische Medien, 2016, p. 283/284 ; M. ALI-BAHMAEIM, *op. cit.*, p. 254-256.

[225] CONFÉDÉRATION SUISSE. *Commission des affaires juridiques CN, Message concernant la modification de la loi fédérale sur le droit international privé (Chapitre 12 : Arbitrage international)*, 24.10.2018, p. 7187 : « Les tribunaux arbitraux ont certes accès au système d'entraide judiciaire internationale par l'intermédiaire du juge d'appui. En fonction de l'État concerné, les procédures peuvent toutefois être particulièrement longues. Plusieurs participants à la procédure de consultation ont demandé qu'il y soit remédié par une disposition applicable aux tribunaux arbitraux ayant leur siège à l'étranger et aux procédures étrangères. » (Traduction libre.)

la doctrine soit déjà majoritairement en faveur de la possibilité de cette exécution[226].

L'Article 185 (a) a donc été introduit dans la loi suisse sur l'arbitrage et permet actuellement qu'un « tribunal arbitral siégeant à l'étranger ou une partie à une procédure arbitrale étrangère peut requérir le concours du juge du lieu où est exécutée une mesure provisionnelle ou une mesure conservatoire[227] ». La même règle est appliquée en cas de production de preuves[228].

De manière similaire, en juin 2011 est entrée en vigueur une nouvelle loi qui a réformé la loi d'arbitrage de Hong Kong (Loi Cap. 609/2011) sur la base de la Loi type de 1985 de la CNUDCI refondue. Comme cela a déjà été abordé, la Loi type a prévu au sein des Articles 17 H et I un système propre d'exécution des mesures à titre provisoire, cherchant à répondre aux besoins spécifiques de la matière. L'étude de ses particularités a montré que la solution envisagée était dûment critiquée du fait que le régime mis en place préserve les mêmes sources de problèmes que le système d'assimilation.

À cet égard, la Loi du 1er juin 2011 a repris, au sein de ses Articles 35 à 42, les mêmes dispositions relatives aux mesures à titre provisoire que celles incluses dans les Articles 17 A à G de la Loi type. Toutefois, en matière

---

226 A. YESILIRMAK, *op. cit.*, p. 54/55 ; D. GIRSBERGER & N. VOSER. International Arbitration: Comparative and Swiss Perspectives. *Schulthess Juristische Medien*, 2016, pp. 283, 284.

227 L'Article 185 (a) de la LDIP prévoit que : « (1) Un tribunal arbitral siégeant à l'étranger ou une partie à une procédure arbitrale étrangère peut requérir le concours du juge du lieu où est exécutée une mesure provisionnelle ou une mesure conservatoire. (2) L'Article 183, al. 2 et 3, s'applique par analogie. (3) Un tribunal arbitral siégeant à l'étranger, ou une partie à une procédure arbitrale étrangère d'entente avec lui, peut requérir le concours du juge du lieu de l'administration des preuves. (4) L'Article 184, al. 2 et 3, s'applique par analogie. » (Traduction libre.)

228 *Idem.*

d'exécution d'une telle mesure, le législateur a fait le choix exprès d'écarter le système prévu par ce texte. En vertu de l'Article 43 de la loi hongkongaise, l'Article 17 H de la Loi type devrait être remplacé par l'Article 61 de la loi d'arbitrage nationale[229]. Celui-ci détermine qu'une ordonnance ou une directive rendue en matière de mesure à titre provisoire n'est exécutoire à Hong Kong qu'après la confirmation de la Cour, indépendamment de la localisation du siège de l'arbitrage[230].

Cette option choisie par le législateur traduit la différence entre les systèmes d'assimilation (et de leur régime nuancé prévu par la Loi type) et le mécanisme d'assistance au juge. Ainsi, la loi d'arbitrage hongkongaise a voulu traiter la mesure rendue par l'arbitre comme une ordonnance, et non pas comme une sentence. C'est la raison pour laquelle l'Article 44 de ce texte précise que les motifs de refus de reconnaissance ou d'exécution listés à l'Article 17 I de la Loi type ne sont pas applicables en l'espèce[231].

Parallèlement à l'ordre juridique hongkongais, l'Article 1041 du Code de procédure civile allemand

---

[229] L'Article 43 de la loi hongkongaise détermine que : « 43. Article 17 H de la Loi type de la CNUDCI (Reconnaissance et exécution) – L'Article 61 remplacera l'Article 17 H de la Loi type de la CNUDCI » (traduction libre).

[230] L'Article 61 de la loi hongkongaise détermine que : « 61. Exécution des ordonnances et des directives du tribunal arbitral (1) Une ordonnance ou une directive rendue, dans ou en dehors de Hong Kong, relativement à une procédure arbitrale est exécutoire de la même manière qu'une ordonnance ou directive de la Cour qui a le même effet, mais seulement avec la confirmation de la Cour. [...] (5) Un ordre ou une directive visée au présent article comprend une mesure provisoire » (traduction libre).

[231] L'Article 44 de la loi hongkongaise détermine que : « Article 17 I de la Loi type de la CNUDCI (Motifs de refus de reconnaissance ou d'exécution) – L'Article 17 I de la Loi type de la CNUDCI n'a aucun effet » (traduction libre).

(*Zivilprozessordnung* – ZPO) traite également cette matière. Les dispositions relatives à l'arbitrage sont inscrites aux Articles 1025 à 1066 de ce texte entré en vigueur le 1er janvier 1998. L'Article 1041 énonce à la fois le pouvoir du tribunal arbitral d'octroyer des mesures conservatoires et met également en place un système d'assistance au juge propre aux cas où les mesures à titre provisoire arbitrales ne seraient pas volontairement respectées[232].

En revanche, cet article n'aborde pas expressément la compétence internationale du juge dans le cas où l'arbitrage n'a pas son siège en Allemagne, contrairement aux lois hongkongaise et suisse. Cependant, une partie de la doctrine précise que l'Article 1062 (2) du ZPO étendrait la compétence du juge étatique aux procédures arbitrales étrangères[233]. Selon l'auteur allemand J. Schäfer, « même lorsque l'arbitrage a son siège en dehors de l'Allemagne, les tribunaux allemands doivent accorder l'autorisation d'appliquer des mesures provisoires d'arbitrage étrangères

---

[232] L'Article 1041 de la loi allemande d'arbitrage détermine que : « 1) À moins que les parties n'en conviennent autrement, le tribunal arbitral peut, à la demande d'une partie, ordonner les mesures conservatoires qu'il juge nécessaires. Le tribunal arbitral peut exiger que la partie intéressée fournisse une garantie appropriée en rapport avec une telle mesure. (2) Le tribunal peut, à la demande d'une partie, permettre l'exécution d'une mesure visée au paragraphe 1, à moins qu'une demande de mesure provisoire correspondante n'ait déjà été présentée à un tribunal. Il peut refondre une telle ordonnance si nécessaire aux fins de l'exécution de la mesure » (traduction libre).

[233] J. POUDRET et S. BESSON, *op. cit.*, p. 543 et 544 ; J. SCHÄFER, « Part II: Commentary on the German Arbitration Law », in P. NACIMIENTO *et al.* (éd.), *Arbitration in Germany: The Model Law in Practice*, Kluwer Law International, 2015, p. 277, 232 et 233 ; A. YESILIRMAK, *op. cit.*, p. 54-55 ; R. HARBST, H. PLASSMEIER et J. MARK, « Germany », in BAKER & MCKENZIE, *Baker & McKenzie International Arbitration Yearbook: 2012-2013*, Harmington, Juris, 2013, p. 167-200, spéc. p. 198/199,

de protection, conformément à l'Article 1062 (2) du ZPO[234] ».

De ce fait, la compétence internationale des juges suisses, allemands et hongkongais en matière d'assistance à l'arbitrage étant démontrée, il reste à étudier les caractéristiques du système d'assistance au juge.

### § 2. La portée du régime

Il a été vérifié que le système d'assistance au juge était d'abord conçu au profit des arbitrages se déroulant sur le territoire national de la juridiction étatique saisie. Cependant, la majorité des juridictions étatiques étudiées ont étendu cette assistance aux arbitrages étrangers afin de répondre aux besoins des parties à un arbitrage international.

Par conséquent, il faut analyser les caractéristiques de ce système (A), ainsi que la portée limitée du pouvoir du juge étatique de réviser la mesure demandée (B) ; ces deux éléments justifiant l'ouverture nécessaire des juridictions étatiques au mécanisme d'assistance au juge.

#### *(A) Les caractéristiques du système d'assistance au juge*

Il convient de comparer les principales caractéristiques du système d'assistance au juge avec celles du système d'assimilation, afin de pouvoir dégager une réflexion critique sur les solutions à tirer de la problématique de l'exécution des mesures à titre provisoire rendues par des tribunaux arbitraux étrangers.

---

[234] J. SCHÄFER, *op. cit.*, p. 233 ; R. HARBST, H. PLASSMEIER et J. MARK, *op. cit.*, p. 198/199.

*(1) La cour compétente à fournir l'assistance demandée*

Afin d'assurer l'efficacité de l'exécution d'une mesure, il faut d'abord établir quelle cour étatique est compétente pour fournir l'assistance requise. En principe, il s'agit du « juge du lieu de l'exécution ». Une première différence avec le système d'assimilation semble alors apparaître – pour ce dernier système, le juge d'exequatur sera difficilement celui du lieu précis d'exécution de la mesure à titre provisoire dans la juridiction saisie.

Comme vu précédemment, l'Article 185 (a) du LDIP détermine que la Cour compétente est celle du « du lieu où est exécutée une mesure provisionnelle ou une mesure conservatoire ». Donc, il s'agit du juge suisse du lieu d'exécution de la mesure.

En Allemagne, l'Article 1062 (2) du ZPO fournit des informations supplémentaires sur cette question. Cet article dispose que lorsque le siège de l'arbitrage n'est pas situé sur le territoire allemand, la compétence pour traiter des demandes liées à la déclaration de la force exécutoire revient à la Cour régionale (*Oberlandesgericht*) du lieu où la partie adverse a sa résidence habituelle, ses biens, du lieu où sont situés les biens affectés par la mesure ou, en cas d'une société, où son établissement commercial est localisé. Si cette Cour se déclare incompétente, c'est le Tribunal régional supérieur de Berlin (*Kammergericht*) qui sera compétent[235].

---

[235] L'Article 1062 du ZPO détermine que : « (1) Le tribunal régional supérieur (*Oberlandesgericht*) désigné dans la convention d'arbitrage ou, à défaut de cette désignation, le tribunal régional supérieur dans le ressort duquel le lieu de l'arbitrage est situé, est compétent pour les décisions sur les demandes relatives à 1. la nomination d'un arbitre (Articles 1034 et 1035), la récusation d'un arbitre (Article 1037) ou la fin du mandat d'un arbitre (Article 1038) ; 2. la détermination de la recevabilité ou de l'irrecevabilité de l'arbitrage (Article 1032) ou la

À Hong Kong, c'est l'Article 2 (1) de la loi d'arbitrage qui définit la « Cour » mentionnée dans l'Article 61 qui devra confirmer l'exécution de la mesure à titre provisoire. La « Cour » visée par cet article est le Tribunal de première instance de la Haute Cour de Hong Kong[236].

*(2) La requête d'assistance*

En s'intéressant au système d'assistance anglais, on a pu vérifier que la saisine du juge anglais était possible non seulement par la partie ayant demandé la mesure, mais aussi par les arbitres eux-mêmes[237]. En Suisse, les arbitres

---

décision d'un tribunal arbitral confirmant sa compétence en matière de décision préjudicielle (Article 1040) ; 3. l'exécution de la déclaration d'exequatur (Article 1061). (2) Si le lieu de l'arbitrage dans les cas visés au paragraphe 1, n° 2, première alternative, n° 3 et 4 n'est pas en Allemagne, la compétence appartient au tribunal régional supérieur (*Oberlandesgericht*) où la partie opposée à la demande a son siège d'entreprise ou lieu de résidence habituelle, ou lorsque les biens de cette partie ou des biens en litige ou affectés par la mesure sont situés, à défaut de quoi le tribunal régional supérieur de Berlin (*Kammergericht*) sera compétent. » (Traduction libre.) Sur l'applicabilité de cet article à la matière d'exécution des mesures à titre provisoire rendues par un tribunal arbitral siégeant à l'étranger, v. J. SCHÄFER, *op. cit.*, p. 277, 232 et 233 ; A. YESILIRMAK, *op. cit.*, p. 54-55 ; J. POUDRET et S. BESSON, *op. cit.*, p. 543 et 544 ; R. HARBST, H. PLASSMEIER et J. MARK, *op. cit.*, p. 198/199 ; U. THEUNE, « DSI Rules », in R. SCHUTZE (éd.), *Institutional Arbitration: A Commentary*, Muniche, Verlag C.H. Beck, 2013, p. 203-303, spéc. p. 251 ; J. SCHAEFER, *op. cit.*, p. 22.

[236] L'Article 2 (1) de la loi hongkongaise détermine que : « Interprétation – (1) Dans cette ordonnance […] Tribunal (原訟法庭) signifie le tribunal de première instance de la Haute Cour », (traduction libre). Sur ce sujet, v. A. RESPONDEK (éd.), *Asia Arbitration Guide*, Singapore, Respondek & Fan Pte Ltd, 2017, p. 91.

[237] À cet égard, l'Article 42 (2) de la loi anglaise d'arbitrage détermine que : « Une demande d'ordonnance en vertu du présent article peut être faite a) par le tribunal (sur avis aux parties), b) par une

et les parties peuvent solliciter l'exécution de la mesure[238]. En Allemagne et à Hong Kong, c'est la partie intéressée à l'exécution de la mesure à titre provisoire qui doit saisir l'assistance du juge étatique[239].

Il n'existe pas de formalités à suivre pour la soumission d'une telle requête. En ce sens, on observe une deuxième différence avec le système d'assimilation : dans le cas de l'assistance du juge, il n'y a pas besoin de vérifier la compatibilité de l'ordonnance avec les caractéristiques d'une sentence, ni de respecter ses exigences formelles prescrites par la *lex diligentiae* et par la *lex arbitri.*

### *(3) L'obligation de constitution de garantie*

Une autre question qui restait sans réponse au sein du système d'assimilation était celle de connaître le pouvoir du juge étatique ou de l'arbitre pour demander la constitution de garantie par rapport à la mesure demandée à titre provisoire. En ce sens, l'Article 183 (3) de la LDIP prévoit expressément que : « le tribunal arbitral ou le juge peuvent subordonner les mesures provisionnelles ou les mesures conservatoires qu'ils ont été requis d'ordonner à

partie à la procédure arbitrale avec la permission du tribunal (et sur avis aux autres parties), ou c) lorsque les parties ont convenu que les pouvoirs du tribunal en vertu du présent article sont disponibles » (traduction libre). V. aussi J. POUDRET et S. BESSON, *op. cit.*, p. 545.

[238] L'Article 183 (2) de la LDIP prévoit que si « la partie concernée ne s'y soumet pas volontairement, le tribunal arbitral ou les parties peuvent requérir le concours du juge compétent ». Cf. M. ALI-BAHMAEIM, *op. cit.*, p. 229 ; B. BERGER et F. KELLERHALS, *op. cit.*, p. 327.

[239] J. POUDRET et S. BESSON, *op. cit.*, p. 545 ; J. SCHÄFER, *op. cit.*, p. 277, 232 et 233. V. T. CHENG, « Hong Kong », in L. NEWMA et C. ONG (éd.), *Interim Measures in International Arbitration*, Huntington, Juris, 2014, p. 343-382, spéc. p. 367 ; J. SCHAEFER, *op. cit.*, p. 18-22.

la fourniture de sûretés appropriées ». Également, l'Article 1041 (4) de la ZPO informe que si la mesure exécutée par le juge étatique s'avère d'emblée injustifiée, la partie qui a obtenu son exécution est tenue d'indemniser l'autre partie pour les préjudices subis ou de constituer une garantie à son exécution. Finalement, l'Article 40 de la loi hongkongaise reprend les dispositions sur la constitution de garantie de l'Article 17 E de la Loi type[240].

### *(B) La portée limitée du pouvoir du juge étatique de réviser la mesure demandée*

En analysant la portée du contrôle du juge étatique sur la mesure à titre provisoire au sein du régime d'assistance, on observe que la doctrine est unanime sur le fait qu'il n'est pas permis d'ouvrir la possibilité d'une nouvelle instance aux parties. Le juge doit vérifier la régularité de la procédure en constatant, par exemple, la validité de la convention d'arbitrage, constatant que le tribunal arbitral a été validement constitué et que la matière est arbitrable[241].

---

[240] L'Article 17 E de la Loi type détermine que : « Article 17 E. Fourniture de sécurité : 1) Le tribunal arbitral peut exiger que la partie demandant une mesure provisoire fournisse une garantie appropriée en rapport avec la mesure. (2) Le tribunal arbitral exige de la partie qui demande une injonction préliminaire de constituer une garantie relativement à l'ordonnance, à moins que le tribunal arbitral ne l'estime inopportun ou inutile. » (Traduction libre.)

[241] R. HARBST, H. PLASSMEIER et J. MARK, *op. cit.*, p. 198/199 ; P. BÄRTSCH et D. SCHRAMM, *Arbitration Law of Switzerland: Practice & Procedure*, Huntington, JurisNet, 2014, p. 65 ; R. KREINDLER et T. KOPP, « Germany », in L. NEWMA et C. ONG (éd.), *Interim Measures in International Arbitration*, Huntington, Juris, 2014, p. 321-342, spéc. p. 341 ; A. RESPONDEK (éd.), *op. cit.*, p. 91 ; M. ALI-BAHMAEIM, *op. cit.*, p. 232 ; G. SEGESSER et C. BOOG, « Interim measures », in GEISINGER et N. VOSER (éd.), *International Arbitration in Switzerland A Handbook for Practitioners*, Alphen aan den Rijn, Kluwer Law

Contrairement au système d'assimilation, cette vérification est faite *prima facie* – autrement dit, il suffit d'examiner l'apparence de régularité de la procédure, ce qui limite le pouvoir de contrôle du juge étatique par rapport à celui observé au sein du système d'assimilation.

Par ailleurs, il est interdit de réviser la décision au fond. Néanmoins, la mesure provisoire pourra être refusée si elle porte atteinte à l'ordre public[242]. L'inexistence du type de mesure ordonnée par l'arbitre dans la juridiction saisie peut être un motif de refus d'exécution, car chaque juridiction va appliquer sa propre loi pour vérifier l'admissibilité de l'exécution de la mesure à titre provisoire[243]. Tous ces éléments permettent de pallier l'imprécision du système d'assimilation concernant l'ordre public à prendre en compte par le juge.

L'Article 61 (2) de la loi hongkongaise précise que l'ordonnance arbitrale ne sera pas exécutée sauf si la partie peut démontrer qu'elle appartient à une catégorie d'ordres ou de directions pouvant être valablement prescrits à Hong Kong dans le cadre d'une procédure arbitrale. D'un autre côté, l'Article 183 (2) de la LDIP détermine que le juge compétent appliquera son propre droit à la demande

---

International, 2013, p. 107-129, spéc. p. 122 ; P. BARTSCH et D. SCHRAMM, *op. cit.*, p. 65 ; J. SCHÄFER, *op. cit.*, p. 234.

242 R. HARBST, H. PLASSMEIER et J. MARK, *op. cit.*, p. 167-200, spéc. p. 198/199 ; P. BÄRTSCH et D. SCHRAMM, *op. cit.*, p. 65 ; T. CHENG, *op. cit.*, p. 367 ; A. RESPONDEK (éd.), *op. cit.*, p. 91 ; M. ALI-BAHMAEIM, *op. cit.*, p. 232 ; G. SEGESSER et C. BOOG, *op. cit.*, p. 107-129, spéc. p. 122 ; P. BARTSCH et D. SCHRAMM, *op. cit.*, p. 65 ; J. SCHÄFER, *op. cit.*, p. 234.

243 R. KREINDLER et T. KOPP, *op. cit.*, p. 341 ; J. POUDRET et S. BESSON, *op. cit.*, p. 545 ; D. GIRSBERGER et N. VOSER, *op. cit.*, p. 281 ; A. RESPONDEK (éd.), *op. cit.*, p. 91 ; G. SEGESSER et C. BOOG, *op. cit.*, p. 122 ; P. BARTSCH et D. SCHRAMM, *op. cit.*, p. 65 ; *op. cit.*, p. 1947, 2024, 2025 ; J. SCHÄFER, *op. cit.*, p. 224/235.

d'exécution[244]. Enfin, l'Article 1041 (2) du ZPO dispose que le tribunal étatique peut, lorsqu'il en permet l'exécution, adapter l'ordonnance arbitrale afin d'assurer sa compatibilité avec la loi allemande. Certains auteurs défendent l'idée d'autoriser une telle modification en Suisse et à Hong Kong pour assurer l'efficacité de la décision arbitrale[245].

Cette solution permet aussi de répondre à la question de la force exécutoire des mesures unilatérales prononcées par l'arbitre – sujet sur lequel le système d'assimilation restait silencieux. Si au sein du système d'assimilation la réponse semblait négative, pour le système d'assistance au juge, cela va dépendre du contenu de la loi nationale du juge saisi. Par exemple, la loi hongkongaise permet l'exécution de ce type de mesures[246]. La doctrine majoritaire allemande affirme qu'il cst possible pour les juges étatiques d'octroyer une mesure unilatérale et, par conséquent, une demande d'exécution d'une telle décision rendue au sein d'un arbitrage sera également possible[247].

Finalement, une dernière question importante reste celle de la possibilité de recours contre la décision du juge étatique qui a accordé ou a décliné la demande d'exécution d'une mesure à titre provisoire rendue par un tribunal arbitral. Les législations hongkongaises et allemandes refusent l'ouverture de recours contre cette décision[248], ce qui assure l'efficacité de la décision.

---

[244] Cf., aussi B. BERGER et F. KELLERHALS, *op. cit.*, p. 329.

[245] G. SEGESSER et C. BOOG, *op. cit.*, p. 122 ; J. POUDRET et S. BESSON, *op. cit.*, p. 545 ; M. ALI-BAHMAEIM, *op. cit.*, p. 233 ; P. BARTSCH et D. SCHRAMM, *op. cit.*, p. 65 ; G. B. BORN, *op. cit.*, p. 1947, 2025.

[246] T. CHENG, *op. cit.*, p. 363 ; J. SCHAEFER, *op. cit.*, p. 34.

[247] R. HARBST, H. PLASSMEIER et J. MARK, *op. cit.*, p. 199 ; J. SCHAEFER, *op. cit.*, p. 24.

[248] En ce sens, l'Article 61 (4) de la loi d'arbitrage hongkongaise informe que : « Une décision de la Cour d'accorder ou de refuser

Cependant, en Suisse, les ordonnances exécutoires des tribunaux fondées sur l'Article 183 (2) peuvent faire l'objet d'un recours conformément à l'Article 308 du Code de procédure civile suisse[249].

Il convient désormais de justifier l'applicabilité du système d'assistance à la juridiction brésilienne.

## Section II – L'applicabilité de la lettre arbitrale brésilienne à l'arbitrage ayant son siège hors du territoire brésilien

Vincent Delaporte affirmait déjà que l'idée de justice ne se matérialise pas uniquement par la qualité et la motivation de la décision juridictionnelle mais, qu'en réalité, elle s'exprime aussi à travers sa rapidité et son effectivité[250].

Le système d'assistance existant au juge brésilien est clair, simple et innovateur. À travers une lettre du tribunal arbitral adressée au juge étatique, dite « lettre arbitrale », les parties peuvent exécuter presque automatiquement la

---

l'exécution d'une mesure en vertu du paragraphe (1) n'est pas susceptible d'appel. Par rapport à la juridiction allemande, la doctrine informe que la décision étatique mentionnée par l'Article 1041 (2) ne fait pas l'objet de recours » (traduction libre), v. R. KREINDLER et T. KOPP, *op. cit.*, p. 341.

[249] L'Article 308 du CPC suisse détermine que : « 1. L'appel est recevable contre : a. les décisions finales et les décisions incidentes de première instance ; b. les décisions de première instance sur les mesures provisionnelles. 2 Dans les affaires patrimoniales, l'appel est recevable si la valeur litigieuse au dernier état des conclusions est de 10 000 francs au moins. ». En ce sens, v. P. BARTSCH et D. SCHRAMM, *op. cit.*, p. 67 ; P. LALIVE, J.-F. POUDRET et G. REYMOND, *op. cit.*, p. 366.

[250] V. DELAPORTE, « Les mesures provisoires et conservatoires en droit international privé », in *Droit international privé : travaux du Comité français de droit international privé*, 8e édition, Paris, Éditions Pedone, 1989, p. 147.

décision de l'arbitre à titre provisoire. Ce système institué par la « lettre arbitrale » a vu le jour durant une phase unique d'innovations législatives au Brésil. En 2015, est entrée en vigueur la réforme de la loi d'arbitrage brésilienne ainsi que celle du CPC.

Ces réformes sont à l'origine d'une série de modifications visant, entre autres, à faciliter les procédures internationales grâce à l'intensification de la coopération internationale. Ces changements vont dans le sens des travaux menés par la Conférence de La Haye à propos de conventions dont le Brésil est l'un des signataires[251]. Bien que certains accords aient été ratifiés tardivement – comme celui de la Convention relative à la citation et à la notification à l'étranger des actes judiciaires et extrajudiciaires en matière civile et commerciale, signée le 15 novembre 1965 et internalisée au Brésil en 2020 –, cette dynamique a fini par influencer la législation brésilienne lors des réformes de la loi d'arbitrage brésilienne et du CPC qui datent toutes les deux de 2015[252]

[251] Il existe actuellement 41 instruments reconnus en tant que conventions, protocoles et principes. Ces documents peuvent être consultés en version intégrale sur la page internet officielle des Conventions de La Haye, à l'adresse suivante : https://www.hcch.net/pt/instruments/conventions (accès le 11/09/2021). Les conventions principales sont les suivantes : la Résolution pacifique internationale de controverses sur la protection des enfants et sur la coopération en matière d'adoption internationale, à propos des matières en droit civil, telles que la Convention sur l'apostille et celle sur la protection de la propriété culturelle en cas de conflit armé.

[252] Les règles prévues dans le CPC sont de bons exemples de ces changements extrapolant le domaine de l'arbitrage. Depuis 2015, avec la promulgation du nouveau Code, l'existence d'actions à l'étranger n'est plus considérée comme une hypothèse de litispendance, sauf s'il existe un traité ou une convention stipulant le contraire, ou même une hypothèse de compétence exclusive. C'est ce que stipule expressément le texte de l'Article 24 du CPC. Dans le but de mettre en valeur l'autonomie des parties et de reconnaître le rôle du Brésil sur le

au point de ratifier a posteriori la convention en question[253].

L'institution de la lettre arbitrale n'est donc pas la conséquence d'un changement ponctuel et décontextualisé, mais d'une modification fondamentale dont le but était d'adapter le système arbitral à une

---

plan mondial, nous renvoyons au texte de l'incise III de l'Article 22 du CPC qui constitue sans nul doute le principal changement sur la question. Cet article détermine que l'autorité judiciaire brésilienne pourra recevoir et juger les actions au sein desquelles les parties, de forme expresse ou tacite, seront soumises à la juridiction nationale. En d'autres termes, le CPC prévoit ainsi expressément la possibilité d'une clause de choix de la juridiction, ce qui signifie en pratique qu'il autorise que chaque individu dans le monde puisse adresser, faire analyser et juger une demande, même si l'action ne dispose d'aucun lien avec le Brésil, si les parties l'ont stipulé ou si elles ont opté dans ce sens. De la même façon et selon le principe de réciprocité, l'Article 25 du CPC stipule que l'autorité judiciaire brésilienne ne sera pas compétente pour des procédures et jugements d'actions lorsqu'il existe une clause de choix de juridiction exclusive étrangère contestée par l'accusé.

[253] Avant même sa signature, on considérait déjà que la convention avait de l'influence sur la matière stipulée dans le cadre de la nouvelle norme nationale de procédure. À ce sujet, V. MOSCHEN et P. COSTA expliquent dans leur étude présentée dans les Annales du IIe Congrès de procédure civile internationale en 2017 que : « on note ainsi que les matières référentes à l'Homologation de sentence étrangère, aux Commissions rogatoires et aux demandes directes sont des instruments de coopération internationale, objet des Conventions de La Haye. Bien que ces Conventions ne soient pas ratifiées par l'État brésilien, elles possèdent de fortes influences sur les normes nationales brésiliennes et, par conséquent, affectent les décisions prononcées par les juridictions brésiliennes. L'État brésilien assume donc un rôle important et nécessaire dans le scénario international actuel. » (Traduction libre.) V. MOSCHEN, P. COSTA, *A Cooperação Jurídica Internacional no CPC/2015 e a Harmonização do Direito Internacional Privado*; Apresentado no Anais do II Congresso de Processo Civil Internacional, Vitória, 2017 (/Users/cgmoura/Downloads/19866-Texto%20do%20artigo-56751-1-10-20180510.pdf, consulté le 12/02/2021).

nouvelle posture adoptée par le pays. La promulgation de la réforme de la loi d'arbitrage brésilienne n'a que renforcé l'ouverture du Brésil en faveur de la tendance mondiale, ce qui corrobore l'interprétation défendue par les auteurs à propos de la portée de l'application de la lettre arbitrale.

Dans le même sens, il existe la Résolution récente du Conseil national de justice (CNJ), issue du jugement de l'Acte normatif nº 0006684-33.2021.2.00.0000, de la 93e session virtuelle réalisée le 24/09/2021 (*Resolução do CNJ*) – qui, dans le but de simplifier les procédures en faveur de l'efficacité de l'arbitrage, réglemente justement la coopération entre les tribunaux d'arbitrages et les tribunaux étatiques grâce à la lettre arbitrale. Dans les termes de la Résolution du CNJ, « la coopération judiciaire est un mécanisme contemporain, dénué de bureaucratie et rapide pour l'application d'actes judiciaires[254] ».

Au-delà de ces considérations, comme l'indique l'Article 2e, paragraphe unique, de cette Résolution : « les demandes de coopération judiciaire devront être adressées directement par l'arbitre ou le tribunal arbitral à la juridiction coopérante[255] » par la voie de la lettre arbitrale. Bien que cette Résolution fasse surtout référence à la coopération nationale en raison de ses propres limitations de compétence, elle est également applicable pour l'application de l'exécution de mesures d'urgence au Brésil prononcées à l'étranger car il n'existe aucune réserve à ce sujet.

Néanmoins, il est vrai que tout comme la législation allemande, la loi d'arbitrage brésilienne n'a pas prévu expressément la compétence du juge brésilien pour fournir

---

[254] BRASIL, *Ato Normativo nº 0006684-33.2021.2.00.0000*, Article 2º (traduction libre).

[255] BRASIL, *Ato Normativo nº 0006684-33.2021.2.00.0000*, Article 2º (traduction libre).

son assistance à l'arbitrage lorsque le siège se situe à l'étranger. Donc, la seconde et dernière section de ce livre se bornera à prouver l'intention de la législation nationale d'instituer, dans le cadre de l'arbitrage, l'utilisation de la lettre arbitrale en remplacement des instruments préalablement disponibles, tels que la commission rogatoire et l'exécution de mesures d'urgence étrangères via l'homologation de sentences, en privilégiant et permettant également l'inclusion de la coopération internationale du Brésil avec d'autres pays.

Or, pour bien traiter le sujet, il faut d'abord s'intéresser, au travers d'une analyse historique, à l'évolution de la coopération judiciaire brésilienne (§ 1) pour, ensuite, démontrer les raisons pour lesquelles la lettre arbitrale ne peut pas se limiter aux arbitrages ayant leur siège au Brésil (§ 2).

## § 1. L'évolution historique de la coopération judiciaire brésilienne

L'étude historique démontera que, d'une part, les mesures à titre provisoire rendues par des organes étatiques étrangers étaient exécutées sur le territoire brésilien à travers du mécanisme de commissions rogatoires (A). Cependant, celui-ci n'était pas envisagé expressément pour la matière d'arbitrage. D'autre part, le Code de procédure civile de 2015 a créé un mécanisme d'exécution spécifique à ce domaine, sans préciser, toutefois, son application dans le cas dans lequel le siège de la procédure arbitrale se trouve à l'étranger (B). Or, pour examiner la possibilité d'utiliser les lettres arbitrales comme un mécanisme de coopération internationale, il faut d'abord comprendre les caractéristiques propres à chacun de ces deux instruments.

### *(A) Les commissions rogatoires*

C'est un principe fondamental du droit international public que les tribunaux étatiques doivent exercer leur fonction dans les limites de leur territoire national, sauf autorisation expresse d'un État étranger lui permettant d'agir dans son pays. Au Brésil, cette permission est instrumentalisée au travers de la commission, ou lettre, rogatoire, qui constitue le dispositif contenant la demande d'assistance adressée par l'autorité judiciaire d'un État à un autre État étranger.

Les commissions rogatoires sont utilisées dans la procédure de citation d'une partie, d'obtention de preuves, ainsi que d'exécution des demandes à titre provisoire. En vertu des dispositions constitutionnelles, la Cour suprême brésilienne (STF) avait la compétence de connaître des demandes d'exequatur de commissions rogatoires [256]. Depuis 2004, cette fonction est attribuée à la Cour supérieure brésilienne (STJ), en conséquence de l'amendement constitutionnel *EC 45*[257].

Les lettres rogatoires existent depuis la moitié du XIX^e^ siècle. Elles étaient auparavant nommées d'*Aviso Circular* et permettaient une communication directe en matière de coopération entre le juge étranger et le national, sans nécessiter une demande d'exequatur [258]. Cette procédure simplifiée a changé cependant avec la Loi

---

[256] Article 102 de la Constitution brésilienne de 1988 : « La Cour suprême est responsable de la protection de la Constitution et est responsable de : - l'homologation des jugements étrangers et l'octroi de l'exequatur aux commissions rogatoires [...] » (traduction libre).

[257] Article 1^er^ de la EC 45 dispose que : « il incombe à la Cour supérieure de justice : I - traiter et juger, à l'origine : l'homologation des jugements étrangers et l'octroi de l'exequatur aux commissions rogatoires [...] » (traduction libre).

[258] N. ARAUJO, *Direito Internacional Privado: Teoria e Prática Brasileira*, 3 éd., Rio de Janeiro, Renovar, 2000, p. 272/273.

n° 221 du 10 novembre 1894, qui établit désormais un examen préalable d'homologation[259].

À cette époque, les mesures à titre provisoire ayant des effets de contrainte – telles que des mesures demandant des arrestations, des requêtes, des perquisitions et des sollicitations de violation du secret bancaire – étaient interdites au Brésil et ce, jusqu'à l'entrée en vigueur du *Protocolo de las Leñas*[260]. Cette prohibition s'explique par le fait qu'il fallait une sentence finale tranchant la demande en question pour que ses effets de contrainte puissent se produire au Brésil[261]. La jurisprudence a consacré ce raisonnement à plusieurs reprises jusqu'en 1990[262]. À titre illustratif, dans la lettre rogatoire 337, rapportée par le ministre José Linhares en 1953, la Cour a statué sur l'inadmissibilité d'une lettre rogatoire exécutoire[263]. Ce raisonnement a été confirmé au sein des lettres rogatoires n° 8279, 8425, 8971, 10177 et 11005[264].

---

[259] L'Article 12, § 4 de la Loi n° 221 du 10 novembre 1894, précise que : « Les commissions rogatoires émanant d'autorités étrangères ne doivent être exécutées qu'après avoir obtenu l'exequatur du gouvernement fédéral […] » (traduction libre).

[260] M. MACHADO, « Cooperação Penal Internacional no Brasil: as cartas rogatórias passiva », *Revista Brasileira de Ciências Criminais* 2005, Revista dos Tribunais, n° 53, p. 98-118, spéc. p. 98.

[261] Cf. STF, Cour suprême brésilienne, 26 mars 1970, Decisão Monocrática, Rapporteur Ministre Sepúlveda Pertence, *Carta Rogatória n° 2963/AR* ; cf. également, C. DINAMARCO, *Instituições do direito processual civil*, 6 éd., São Paulo, Malheiros, 2009, v. 2, p. 532.

[262] N. ARAUJO, *op. cit.*, p. 273 ; B. POTSCH, « O reconhecimento e a execução por carta rogatória da decisão cautelar arbitral estrangeira no Brasil », *Revista Brasileira de Arbitragem* 2016, vol. XIII, p. 22-38, spéc. 25.

[263] STF, Cour suprême brésilienne, 31 décembre 1969, Decisão Monocrática, Ministre José Linhares, *Carta Rogatória n° 337/AT.*

[264] STF, Cour suprême brésilienne, 4 mai 1998, Decisão Monocrática, Ministre Président, *Carta Rogatória n° 8279/AT* ; STF, Cour suprême brésilienne, 4 avril 1998, Decisão Monocrática, Ministre Président,

C'est par l'intermédiaire du *Protocolo de las Leñas* qu'on constate une première ouverture à l'admissibilité d'exécution des mesures exécutoires à travers le système de lettres rogatoires[265]. Cette convention a permis sa reconnaissance, lorsqu'elle était rendue par des pays membres du Mercosul. En ce sens, dans l'affaire relative à la lettre rogatoire n° 7913 du 4 septembre 1997, la Cour suprême fédérale a expressément déterminé que : « La jurisprudence de la Cour suprême fédérale a pour but de considérer comme impossibles à respecter, au Brésil, les lettres rogatoires couvertes de force exécutoire, à l'exception de celles émises sur la base d'actes internationaux ou de conventions de coopération interjuridictionnelle telles que le "*Protocole de Las Leñas*", qui est inapplicable à la présente affaire[266] ».

Postérieurement, la restriction d'exequatur aux lettres rogatoires émises sur la base des conventions internationales a été écartée par l'entrée en vigueur, en mai 2005, de la Résolution n° 09 du Supérieur Tribunal de justice brésilien[267]. Selon l'Article 7 de ce texte : « les lettres rogatoires peuvent avoir pour objet des décisions

---

*Carta Rogatória n° 8425/AT* ; STF, Cour suprême brésilienne, 22 février 2000, Decisão Monocrática, Ministre Président, *Carta Rogatória n° 8971/AT* ; STF, Cour suprême brésilienne, 12 août 2002, Decisão Monocrática, Ministre Président, *Carta Rogatória n° 10177/AT* ; STF, Cour suprême brésilienne, 28 novembre 2003, Decisão Monocrática, Ministre Président, *Carta Rogatória n° 11005/AT.*

[265] M. CARRETEIRO, *op. cit.*, p. 299.

[266] STF, Cour supérieure brésilienne, 25 juillet 1980, Decisão Monocrática, Ministre Ceslo de Mello, *Carta Rogatória, n° 7.913/AT* (traduction libre).

[267] Résolution n° 9 du 4 mai 2005, *Emenda Constitucional n° 45/2004.*

exécutoires [268] [...] », indépendamment du champ d'application d'une convention internationale facilitant la reconnaissance de ladite mesure.

Les commissions rogatoires étaient majoritairement utilisées au profit de mesures à titre provisoire rendues par des organes étatiques. Toutefois, on trouve dans la jurisprudence des affaires où ce mécanisme a été mis en place dans le but d'exécuter des mesures arbitrales à titre provisoire[269]. Avec l'entrée en vigueur du CPC en 2015, la doctrine s'interroge sur le point de savoir si la commission rogatoire reste applicable aux décisions arbitrales, vu que ce texte a prévu un système d'exécution des mesures arbitrales à titre provisoire propre aux besoins de ce domaine. Or, face au doute relatif au système applicable, il est nécessaire d'analyser les caractéristiques du mécanisme de commissions rogatoires pour les comparer avec celles de la lettre arbitrale.

La commission rogatoire figure actuellement à l'Article 962 du CPC de 2015, au chapitre nommé « L'homologation des décisions étrangères et la concession de l'exequatur à la commission rogatoire ». Le premier paragraphe de cet article précise que l'exécution au Brésil d'une décision interlocutoire étrangère accordant une mesure à titre provisoire est réalisée au travers de la commission rogatoire [270] . En l'absence d'un traité

---

[268] La version en portugais de l'Article 7 : « *Art. 7° As cartas rogatórias podem ter por objeto atos decisórios ou não decisórios* » (traduction libre).

[269] Cf. STJ, Cour supérieure de justice, 15 avril 2011, Decisão Monocrática, Ministre Ari Pargendler, *Carta Rogatória n° 5.384/AR* ; STJ 3 mars 2011, Decisão Monocrática, Ministre Ari Pargendler. Carta *Rogatória n° 5.424/AR* ; STJ 20 octobre 2014, Decisão Monocrática, Ministre Francisco Falcão. *Carta Rogatória n° 9.397/AR. J.*

[270] L'Article 962 du Code de procédure civil brésilien de 2015 détermine que : « La décision étrangère accordant une mesure d'urgence peut être exécutée. § 1 L'exécution au Brésil d'une décision

international prévoyant une communication directe entre les autorités centrales[271], la commission rogatoire est transmise par voie diplomatique. Elle est reçue par le ministère des Affaires étrangères, qui l'envoie au ministère de la Justice (l'autorité centrale brésilienne) qui, ensuite, la transmet à la Cour supérieure de justice pour analyser son homologation par son ministre président[272]. Si la commission rogatoire est homologuée, celle-ci sera transmise à la Justice fédérale de l'État brésilien compétent de l'exécution de la mesure sollicitée[273].

Parmi les principales caractéristiques de cet instrument figure la possibilité d'exécuter, en cas d'urgence, une mesure à titre provisoire. En réalité, le propre exequatur de cette mesure peut être concédé par le juge brésilien sans que le principe au contradictoire ne soit respecté, en permettant, pourtant, que la partie puisse se manifester postérieurement[274]. De plus, la révision au fond de la

---

interlocutoire étrangère accordant une mesure d'urgence est donnée par lettre rogatoire. » (Traduction libre.)

[271] L'autorité centrale est un organe étatique désigné par une juridiction dont le rôle est de réaliser la coopération internationale avec d'autres pays, en recevant ou envoyant les commissions rogatoires.

[272] La transmission par voie diplomatique est prévue par l'Article 26, § 1 du CPC 2015 : « En l'absence d'un traité, la coopération judiciaire internationale peut être réalisée sur la base de la réciprocité, manifestée par la voie diplomatique. » (Traduction libre.)

[273] Cf. Article 965 du CPC 2015 : « Le respect d'une décision étrangère doit être fait devant la juridiction fédérale compétente, à la demande de la partie, conformément aux règles établies pour l'exécution d'une décision nationale. Un seul paragraphe. La demande d'exécution doit être accompagnée d'une copie certifiée conforme de la décision d'homologation ou de l'exequatur, selon le cas. » (Traduction libre.)

[274] En ce sens, l'Article 962, § 2, précise que : « La mesure d'urgence accordée sans l'audience du défendeur peut être exécutée, à condition que l'adversaire soit admis à une date ultérieure. » D'autre part, l'Article 216-Q du Règlement intérieur du STJ informe que : « La

mesure est expressément interdite[275]. Enfin, vis-à-vis des conditions d'homologation d'une commission rogatoire, l'Article 963 précise que la mesure doit répondre aux conditions suivantes : avoir été rendue par une autorité compétente, être accompagnée d'une traduction officielle, respecter le principe du contradictoire – sauf dans le cas d'une mesure unilatérale –, être en vigueur dans le pays où elle a été délivrée et, enfin, respecter l'autorité de la chose jugée et l'ordre public brésilien[276]. La compétence de l'autorité se décide au regard de la loi étrangère du pays de l'autorité, conformément à l'Article 12, § 2 de la *Lei de Introdução ao Código Civil*[277].

---

partie contre qui la mesure est demandée doit être convoquée, dans un délai de quinze jours, pour contester la demande d'octroi de l'exequatur. § 1 La mesure demandée par commission rogatoire peut être exécutée sans le respect au contradictoire, lorsque sa citation préalable peut entraîner l'échec de la coopération internationale. » (Traduction libre.)

[275] L'Article 36 du CPC 2015 informe que : « La procédure de la commission rogatoire devant la Cour supérieure de justice est de juridiction contentieuse et doit assurer aux parties les garanties d'une procédure régulière. § 1 La défense sera limitée à la discussion concernant l'accomplissement des conditions requises pour que la décision judiciaire étrangère prenne effet au Brésil. § 2 En tout état de cause, la révision au fond de la décision judiciaire étrangère par l'autorité judiciaire brésilienne est interdite. » (Traduction libre.) Cf. F. BECHARA, *Cooperação Jurídica Internacional em Matéria Penal. Eficácia da prova produzida no exterior*, São Paulo, Saraiva, 2011, p. 51.

[276] L'Article 963 du CPC 2015 informe que : « Les conditions essentielles pour l'homologation de la décision sont : I - être rendu par une autorité compétente ; II - respecter le principe du contradictoire ; III - doit être en vigueur dans le pays où elle a été délivrée ; IV - ne pas violer la chose jugée brésilienne ; V - être accompagné d'une traduction officielle, sauf disposition contraire du traité ; VI - ne pas contenir une infraction manifeste contre l'ordre public. » (Traduction libre.)

[277] L'Article 12, § 2 de la *Lei de Introdução ao Código Civil* qui traite de la coopération entre pays, détermine que : « § 2 L'autorité

Dès lors, qu'en est-il des particularités des lettres arbitrales ?

### *(B) Les lettres arbitrales brésiliennes*

L'entrée en vigueur du Code de procédure civile brésilien de 2015 (CPC/2015) a abouti à importer des modifications significatives à la loi d'arbitrage brésilienne (Loi n° 9307 de 1996), en établissant notamment la lettre arbitrale comme un mécanisme de coopération entre la juridiction arbitrale et l'étatique. Avant ce changement législatif, la loi d'arbitrage de 1996 comportait des lacunes par rapport au système à mettre en place pour assurer l'exécution de mesures à titre provisoire rendue pendant le déroulement d'une procédure arbitrale.

Conformément à l'Article 237, IV du CPC/2015, une lettre arbitrale sera émise pour que l'organe judiciaire puisse exercer ou déterminer, dans le cadre de sa compétence territoriale, un acte faisant l'objet d'une demande de coopération judiciaire formulée par un tribunal arbitral [278]. Cette innovation apportée par le CPC/2015 est une victoire du développement de l'institution de l'arbitrage, étant donné qu'au Brésil la compétence de l'arbitre prime sur celle du juge étatique. Autrement dit, les parties peuvent recourir au juge étatique

---

judiciaire brésilienne doit accorder l'exequatur à la manière prévue par la loi brésilienne, en effectuant les mesures demandées par les autorités étrangères compétentes, selon la loi de ce dernier quant à l'objet de la procédure » (traduction libre). Cf., également, STF, Cour suprême brésilienne, 4 juin 2010, Decisão Monocrática, Ministre Marco Aurélio, *Habeas Corpus 91002RJ*.

[278] L'Article 237 informe que : « Sera émise une lettre : [...] IV - arbitrale, pour qu'un organe du pouvoir judiciaire exerce ou détermine l'exécution, dans le cadre de sa compétence territoriale, d'un acte faisant l'objet d'une demande de coopération judiciaire formulée par un tribunal arbitral, y compris ceux qui requièrent une protection provisoire effective. » (Traduction libre.)

pour solliciter l'octroi d'une mesure à titre provisoire jusqu'à la constitution du tribunal arbitral. Après cette date, l'arbitre possède la compétence exclusive sur cette matière[279].

L'absence d'une telle prévision légale apportait de l'insécurité juridique et discréditait l'efficacité de l'arbitrage – ce type d'assistance étant fait de manière jurisprudentielle[280], sans fondement législatif. Pourtant, l'Article 22-C de la loi d'arbitrage brésilienne précise actuellement que « l'arbitre ou le tribunal arbitral peut délivrer une lettre arbitrale à la juridiction nationale pour qu'elle exécute, dans le domaine de sa compétence territoriale, un acte demandé par l'arbitre[281] ».

De même que les autres systèmes d'assistance au juge étudiés jusqu'à présent, la nature de la lettre arbitrale

---

[279] Selon l'Article 22-B de la loi d'arbitrage : « Une fois l'arbitrage institué, il appartiendra aux arbitres de maintenir, de modifier ou de révoquer la mesure de précaution ou d'urgence accordée par le pouvoir judiciaire. L'arbitrage étant déjà institué, la mesure à titre provisoire sera demandée directement aux arbitres » (traduction libre). Cf. également, STJ, Cour supérieure brésilienne, 12 juin 2012, Rel. Ministra Nancy Andrighi, Terceira Turma, *REsp 1297974/RJ*.

[280] Cf. S. CREMASCO, D. BENTO et L. PEIXOTO, « A sistemática da arbitragem no CPC/2015 », in F. JAYME *et al.*, *Inovações e modificações do Código de Processo Civil*, Belo Horizonte, Del Rey, 2017, p. 219-148, spéc. p. 138 ; C. FORBES et P. KOBAYASHI, « Carta Arbitral: Instrumento de cooperação jurisdicional », in C. CARMONA, P. MARTINS et S. LEMES (coord.), *20 anos da lei de arbitragem: homenagem a Petrônio R. Muniz*, São Paulo, Atlas, 2017, p. 521-535, spéc. p. 522/523 ; Tribunal de justice de Minas Gerais, 13 septembre 2003, Rapporteur Des. Alvimar de Ávila, *AI. 2000000410533-5/000.*

[281] L'Article 22-C en portugais : « *Art. 22-C. O árbitro ou o tribunal arbitral poderá expedir carta arbitral para que o órgão jurisdicional nacional pratique ou determine o cumprimento, na área de sua competência territorial, de ato solicitado pelo árbitro. Parágrafo único. No cumprimento da carta arbitral será observado o segredo de justiça, desde que comprovada a confidencialidade estipulada na arbitragem* ».

limite de manière étroite le pouvoir de contrôle du juge étatique vis-à-vis de la demande octroyée par le tribunal arbitral. Conformément à ce qu'explique F. Véras, la lettre arbitrale brésilienne ne permet pas l'instauration d'une action autonome, car elle se constitue comme une simple diligence [282] . À partir du moment où les exigences formelles établies par la loi sont respectées, le juge étatique devra exécuter la mesure rendue par le tribunal arbitral, étant celui interdit de réviser la demande au fond [283] . La lettre arbitrale, dans ce sens, peut même inclure des décisions contre des parties qui ne sont pas signataires de la convention d`arbitrage[284].

Le législateur brésilien a choisi de consacrer plusieurs articles du CPC/2015 à la lettre arbitrale, de façon à régir de manière claire et extensive toutes les caractéristiques de ce mécanisme d'assistance au juge. En ce sens, l'Article 260 de ce texte détermine que la lettre arbitrale devra être accompagnée de (i) la convention d'arbitrage ; (ii) de la demande d'arbitrage ; (iii) de la réponse à la demande d'arbitrage ; iv) des déclarations d'indication des

---

[282] F. VERAS, *Cooperação entre jurisdições estatal e arbitral é fundamental para celeridade*, Conjur, 2016, (https://www.conjur.com.br/2016-jul-17/felipe-veras-cooperacao-entre-jurisdicoes-estatal-arbitral-necessidade-cumprimento-satisfatorio-decisoes, consulté le 13 juin 2018) ; cf. C. FORBES et P. KOBAYASHI, *op. cit.*, p. 526/527.

[283] J. ZAKIA, « Um panorama geral da reforma da Lei de Arbitragem: o que mudou com a Lei Ordinária n° 13.129/2015 », *Revista Brasileira de Arbitragem* 2016, Kluwer Law International 2016, vol. XIII, p. 39 – 65, spéc. p. 55/56 ; M. CARRETEIRO, *op. cit.*, p. 285/286 ; P. MARTINS, « Da ausência de poderes coercitivos e cautelares do árbitro », in S. LEMES *et al.*, *Aspectos fundamentais da Lei de Arbitragem*, Rio de Janeiro, Forense, 1, p. 365 et s. , spéc. p. 365 ; J. MUNIZ et J. MARÇAL, « A Carta Arbitral », in A. WEBER *et al.*, *A reforma da arbitragem*, Forense, Rio de Janeiro, 2016, p. 311-324, spéc. p. 317.

[284] STJ, Cour supérieure brésilienne, 19 décembre 2019, Ministre Nancy Andrighi, *EDcl RESP n° 1.789.089-MG*.

arbitres ou de l'arbitre unique ; v) du document d'acceptation des arbitres ; (vi) de l'acte de mission, et (vii) de l'ordonnance déterminant l'exécution de la mesure par le pouvoir judiciaire, dûment signée par le tribunal arbitral[285].

Le modèle de la lettre arbitrale fourni par le Comité d'arbitrage brésilien (CBAr) a été mis en annexe de ce livre dans le but de saisir la simplicité de la demande de coopération établie par ce dispositif[286]. Les exigences formelles mentionnées ci-dessus ont été inclues au sein de l'Article 260 afin de permettre au juge d'établir *prima facie* la régularité de la procédure. Encore une fois, cette vérification vise à constater l'apparence de conformité de la convention d'arbitrage, de la constitution du tribunal arbitral et du respect à l'ordre public[287].

L'Article 267 du CPC/2015 prévoit que le juge devra refuser l'exécution de la demande sollicitée dans la lettre arbitrale, lorsque :« I - la lettre n'a pas respecté les exigences légales ; II - le juge étatique est incompétent ;

---

[285] L'Article 260 détermine que : « Les exigences des lettres d'ordre, des ordonnances judiciaires et des commissions rogatoires sont les suivantes : I - l'indication des juges d'origine et du respect de la loi ; II - tout le contenu de la pétition, l'ordonnance du tribunal et l'acte du mandat conféré à l'avocat ; III - la mention de l'acte de procédure qui constitue l'objet ; IV - la fermeture avec la signature du juge. […] § 3 La lettre arbitrale doit, selon le cas, satisfaire aux exigences mentionnées dans cet article et doit être instruite par la convention d'arbitrage et la preuve de la nomination de l'arbitre et de son acceptation de la fonction. » (Traduction libre.) Cf. également, C. FORBES et P. KOBAYASHI, *op. cit.*, p. 526/527 ; S. CREMASCO, D. BENTO et L. PEIXOTO, *op. cit.*, p. 138 ; J. MUNIZ, *Curso Básico de Direito Arbitral: Teoria e Prática*, 3 éd., Curitiba, Juruá, 2015, p. 211 ; J. ZAKIA, *op. cit.*, p. 56.

[286] CBAR, *Carta Arbitral*, CBAR, 2017 (http://cbar.org.br/site/carta-arbitral/, consulté le 13 juin 2018).

[287] P. MARTINS, 1999, *op. cit.*, p. 365.

ou si III - le juge a des doutes quant à son authenticité[288]. »
Du fait que le CPC/2015 ait prévu de manière exprès les motifs de refus d'exécution d'une lettre arbitrale, il semble que le pouvoir du juge étatique de réviser la mesure demandée est encore plus limité vis-à-vis des autres systèmes juridiques étudiés.

Tout comme le système suisse d'assistance au juge, la lettre arbitrale est expédiée par le tribunal arbitral au juge compétent[289]. À partir du moment où la lettre est reçue, le juge étatique informe les parties de sa réception. La transmission de cette lettre se fait prioritairement par une procédure électronique dans laquelle un code spécifique au système de lettre arbitral permet la communication directe du tribunal arbitral ou de l'institution d'arbitrage avec le juge territorialement compétent [290]. En cas d'inexistence de ce mécanisme dans le lieu d'exécution en question, cela pourra être fait par simple office[291].

En ce qui concerne le critère de compétence territoriale du juge étatique, la déclaration 24 du V *Forum Permanente de Processualistas Civis* (FPPC) précise que cette compétence revient à celui du lieu de l'exécution de la mesure, de même qu'en Suisse et en Allemagne, sauf s'il existe une clause d'attribution de juridiction dans le contrat d'espèce[292]. Cela est confirmé par la doctrine[293].

---

[288] L'Article 267 en portugais : « *O juiz recusará cumprimento a carta precatória ou arbitral, devolvendo-a com decisão motivada quando: I - a carta não estiver revestida dos requisitos legais; II - faltar ao juiz competência em razão da matéria ou da hierarquia; III - o juiz tiver dúvida acerca de sua autenticidade. Parágrafo único. No caso de incompetência em razão da matéria ou da hierarquia, o juiz deprecado, conforme o ato a ser praticado, poderá remeter a carta ao juiz ou ao tribunal competente* ».

[289] V. l'Article 22-C de la loi brésilienne d'arbitrage.

[290] Cf. C. FORBES et P. KOBAYASHI, *op. cit.*, p. 530/531.

[291] *Ibid.*

[292] J. MUNIZ, *op. cit.*, p. 211 ; S. CREMASCO, D. BENTO et L. PEIXOTO, *op. cit.*, p. 139.

Enfin, il est important de rappeler que cette nouvelle législation a également établi le secret judiciaire à la demande d'exécution par lettre arbitrale, à condition que l'arbitrage lui-même soit confidentiel, conformément à l'Article 22-C de la loi brésilienne d'arbitrage[294].

Une fois les caractéristiques de ce mécanisme étudiées, il reste à savoir si celui-ci pourrait être applicable aux arbitrages ayant leur siège en dehors du territoire brésilien, remettant alors en cause l'utilisation de commissions rogatoires à cette fin. Face au silence de la loi sur cette question, il convient de prouver que la transposition à l'ordre juridique brésilien de la tendance à la réduction de l'importance du siège de l'arbitrage est possible, afin de garantir aux parties le recours au mécanisme d'assistance au juge alors même que la procédure se déroule à l'étranger.

## § 2. Les lettres arbitrales comme mécanisme d'exécution de mesures provisoires à titre provisoire rendues à l'étranger

L'applicabilité du système de lettre arbitrale aux arbitrages ayant leur siège à l'étranger fait l'objet de débat par la doctrine brésilienne, du fait du silence de la législation et de la jurisprudence depuis la modification législative de 2015. On observe qu'il n'y a pas de consensus entre les auteurs – étant impossible d'établir

---

[293] M. CARRETEIRO, *op. cit.*, p. 285/286 ; A. MARCATO, Antonio Carlos (éd.), *Código de Processo Civil interpretado.*, 3 éd., São Paulo, Atlas, 2008, p. 1627 ; J. MUNIZ, *op. cit.*, p. 211 ; S. CREMASCO, D. BENTO et L. PEIXOTO, *op. cit.*, p. 139.

[294] V. l'Article 22-C de la loi brésilienne. Son seul paragraphe détermine que : « Lors de l'exécution de la lettre arbitrale, le secret de la justice doit être respecté, à condition que la confidentialité stipulée dans l'arbitrage soit prouvée. » (Traduction libre.)

l'existence d'une doctrine majoritaire ou minoritaire sur cette matière.

Certains considèrent que lorsque la décision de l'arbitre est rendue hors du territoire brésilien, celle-ci devrait faire l'objet d'une procédure d'exequatur comme les sentences arbitrales. D'autres affirment qu'elle doit être exécutée au travers du système de commissions rogatoires. Finalement, plusieurs auteurs affirment qu'il serait possible d'utiliser le mécanisme mis en place par la lettre arbitrale de sorte à favoriser l'arbitrage qui se déroule à l'étranger.

Afin de justifier la transposition de cette tendance de déconsidération du siège de l'arbitrage au profit du système de lettres arbitrales internationales (B), il faut d'abord rejeter les conceptions selon lesquelles une telle mesure devrait faire l'objet d'une procédure d'exequatur similaire à celle applicable aux sentences arbitrales ou de commission rogatoire pour qu'elle puisse être exécutée au Brésil (A).

### ***(A) L'incompatibilité du régime d'exequatur des sentences et de commissions rogatoires face aux attentes des parties au sein de l'arbitrage international***

#### *(1) L'incompatibilité du régime d'exequatur des sentences face aux attentes des parties au sein de l'arbitrage international*

Selon certains auteurs, lorsque la mesure à titre provisoire est rendue par un tribunal arbitral ayant son siège à l'étranger, cette décision devrait faire l'objet d'une procédure d'exequatur au même titre qu'une sentence arbitrale étrangère. Autrement dit, le système d'assimilation devrait être mis en place pour que la décision de l'arbitre puisse produire ses effets sur le territoire brésilien[295]. Au-delà des critiques déjà faites quant à la portée de ce mécanisme dans ce livre – notamment vis-à-vis de la durée d'une procédure d'exequatur qui au Brésil prend environ 2 ans lorsque la contrepartie conteste la demande[296] – il semble que cette position n'est pas cohérente avec la jurisprudence brésilienne, au moins celle datant d'avant l'entrée en vigueur du CPC 2015.

Comme déjà mentionné auparavant, alors même que les commissions rogatoires étaient prévues et majoritairement utilisées au profit de mesures à titre provisoire rendues par des organes étatiques, on trouve dans la jurisprudence des arrêts qui démontrent son application aux mesures arbitrales. Les *Commissions rogatoires n° 5384* fournissent une illustration à ce sujet. Dans les cas en l'espèce, le Tribunal arbitral de la Bourse de commerce de Buenos Aires avait demandé, à travers d'une commission rogatoire envoyée au STJ, la notification du Registre de commerce de l'État de Rio de Janeiro afin qu'il fournisse des copies des documents de certaines sociétés brésiliennes[297].

Cependant, il faut mentionner qu'une décision proférée fin 2019 par le STJ, et non relevée par la doctrine, paraît toutefois être une tendance de positionnement contraire à cette jurisprudence. À la demande d'homologation de la décision étrangère (HDE) n° 3671/US, l'ancien président du STJ a décidé de permettre par injonction l'exécution de

---

[295] S. CREMASCO, D. BENTO et L. PEIXOTO, *op. cit.*, p. 139. M. CARRETEIRO analyse le sujet, en concluant sur l'impossibilité d'exécuter une mesure à titre provisoire au Brésil, à travers le système d'assimilation, cf. M. CARRETEIRO, *op. cit.*, p. 298.

[296] M. CARRETEIRO, *op. cit.*, p. 298.

[297] Cf. STJ, Cour supérieure brésilienne, 15 avril 2011, Decisão Monocrática, Ministre Ari Pargendler, *Carta Rogatória n° 5.384/AR* ; B. POTSCH, *op. cit.*, p. 34.

la mesure d'urgence via procès d'homologation de la sentence arbitrale[298].

En résumé, la partie requérante de l'arbitrage, associée majoritaire de deux *offshores*, a instauré une procédure arbitrale située à New York et administrée par l'ICC[299] pour discuter de l'existence de conduites pratiquées par la défenderesse, associée minoritaire, pour provoquer un achat forcé de ses parts. Pour préserver le résultat utile de la procédure, le défendeur a opté pour une mesure provisoire afin de s'assurer que la requérante s'abstienne de nantir, transférer ou bloquer de quelque façon que ce soit les parts contestées, les actifs des entreprises associées et qu'elle soit tenue de lui notifier de toutes les décisions commerciales importantes.

Le tribunal arbitral a prononcé cette mesure sous la forme d'une sentence partielle qui a fait l'objet d'une demande de mesure d'évidence par le défendeur de l'arbitrage, simultanément à la demande d'homologation de la décision étrangère devant le STJ. Le défendeur a, par ailleurs, également sollicité à tire subsidiaire la concession d'exequatur comme s'il s'agissait d'une commission rogatoire.

Dans le cadre de cette décision, bien qu'il ait précisé que « la décision ne soit pas à proprement dit une sentence arbitrale », le ministre Noronha a expressément reconnu qu'une « décision de caractère incident [...] peut être homologuée par le STJ à partir du moment où elle est

[298] STJ, Cour supérieure brésilienne, 3 décembre 2019, Decisão Monocrática, Ministre João Otávio de Noronha, *HDE n° 3.671*, Ministre João Otávio de Noronha. Pour une analyse de cette décision, cf. A. ABBUD & A. OLIVEIRA, « *A execucao de tutelas de urgencias estrangeiras no Brasil* ». Conjur, septembre 2021 (https://www.conjur.com.br/2021-set-06/opiniao-execucao-tutelas-urgencia-estrangeiras-brasil, consulté le 30 septembre 2021).

[299] ICC, Arbitrage ICC n° 23.856MK, *Constellation Overseas Ltd v. Alperton Capital Ltd*, j. 26/04/2019.

efficace dans son pays d'origine ». Il a donc analysé toutes les conditions et causes de non-reconnaissance d'homologation des sentences arbitrales étrangères prévues dans la loi d'arbitrage brésilienne pour finalement « homologuer la demande de mesure provisoire arbitrale ».

Par le biais de cette décision, au-delà de soumettre les mesures conservatoires au régime du système d'assimilation, il convient de souligner que le ministre Noronha a conclu qu'il n'était pas possible d'accorder l'exequatur à une commission rogatoire émise par un tribunal arbitral car elle n'émane pas directement d'une « autorité judiciaire étrangère par voie de commission rogatoire ». En d'autres termes, le STJ s'est prononcé, au moins préliminairement, en incitant les parties à recourir aux instances nationales du siège de l'arbitrage afin que ces dernières, dotées de l'autorité judiciaire, puissent expédier une commission rogatoire contenant la mesure provisoire passible d'exequatur au Brésil.

Cette décision exclut donc une troisième forme d'exécution de la mesure provisoire et conservatoire. En mentionnant que la concession de l'exequatur est exclusive pour une commission rogatoire émise par une autorité judiciaire étrangère, le STJ a rendu impossible, du moins momentanément, la demande de coopération directe que le tribunal arbitral lui avait adressée sous la forme d'une commission rogatoire émise par les arbitres en personne.

Plusieurs points restent néanmoins à éclaircir :

- Reconnaître la mesure d'urgence par le rite d'homologation de décision arbitrale étrangère n'impose pas à la partie requérante de formuler une nouvelle demande d'urgence pour anticiper l'exécution de la décision homologuée ? Et les tribunaux brésiliens ne réviseraient pas ainsi indirectement l'urgence déjà analysée par le tribunal arbitral ?

- Considérant que la Convention de New York n'est pas mentionnée dans la décision, est-elle compatible avec le concept et les effets générés par une mesure d'urgence ?

- L'arbitre jugeant une demande de mesure d'urgence devra respecter les conditions de la décision imposées par la loi d'arbitrage brésilienne et par le règlement d'arbitrage applicable pour qu'elle soit homologuée ?

- La partie contre laquelle est opposée la mesure d'urgence peut invoquer les mêmes raisons de non-homologation d'une décision finale de mérite ? Si oui, en permettant que les tribunaux d'État brésiliens examinent la validité de la clause d'arbitrage et l'arbitrabilité du litige, donnerions-nous à la partie adverse le pouvoir de contester et aux tribunaux d'État celui de réviser prématurément la juridiction du tribunal arbitral, quand l'arbitre peut ne pas avoir déclaré sa propre compétence ?

Ainsi, hormis le fait que la décision analysée pave un possible chemin pour l'exécution au Brésil de mesures d'urgence proférées par des tribunaux d'arbitrage étrangers, elle n'avait aucune raison de considérer son application, dès lors qu'un autre mécanisme plus simple était déjà mis en place.

En réalité, à partir de 2015, les lettres arbitrales ont remis en cause l'utilisation des commissions rogatoires ou du système d'assimilation pour l'exécution des mesures à titre provisoire émises par des tribunaux arbitraux à l'étranger[300]-[301] – même si certains auteurs considèrent que non[302].

---

[300] N. ARAUJO, *Direito Internacional Privado: Teoria e Prática Brasileira*, Porto Alegre, Revolução eBook, 2016. (https://books.google.com.br/books?id=zMHCCwAAQBAJ&printsec=frontcover#v=onepage&q&f=false>, consulté le 18 juin 2018) ; J. FREIRE, *Carta Arbitral é importante para efetividade do sistema*, *Consultor Jurídico*, 2015 (htttp://www.conjur.com.br/2015-jul-

02/jose-nantala-carta-arbitral-importante-efetividade-sistema#author, consulté le 18 juin 2018).

301 R. FONSECA, « Como cumprir no Brasil a Decisão Arbitral Estrangeira em Medida de Urgência? Ação de Homologação, Carta Rogatória ou Carta Arbitral? », in S. LEMES ; C. LOPES (coord.), *Arbitragem comercial internacional e os 60 anos da Convenção de Nova Iorque*, São Paulo, Quartier Latin, 2019, p. 296-297. « *Se a legislação não restringiu expressamente o uso da carta arbitral para os tribunais arbitrais sediados no Brasil, é possível considerar que ela pode ser empregada por tribunais arbitrais sediados em qualquer lugar. Tanto mais por ser o tribunal brasileiro monista, ou seja, tratar uniformemente das arbitragens, sem distinções entre domésticas e internacionais. No silêncio, é perfeitamente possível a interpretação de que qualquer tribunal arbitral, sediado no Brasil ou no exterior, poderá expedir carta arbitral para a autoridade judiciária brasileira. E dentre as finalidades para as quais a carta arbitral pode ser emitida, estará o cumprimento de medidas de urgência deferidas pelos árbitros.* » D. SPELLER et C. NUNES, « Lessons from Brazil: Innovation in the Enforcement of Arbitral Interim Measures », *YAR* 2018, v. 28, p. 27 et s., p. 32 : « *In effect, the BAA [LBA] adopts the monist system, by which a unique set of rules apply to both domestic and international arbitration. Consequently, national and international arbitral proceedings shall be given no different legal treatment* [vis-à-vis l'utilisation des lettres arbitrales à l'exécution des mesures arbitrales rendues à l'étranger] » ; S. LEMES & A. COELHO FRAGA DE OLIVEIRA, « Carta arbitral para execução de tutelas de urgência estrangeiras », *Conjur*, june 2022 (https://www.conjur.com.br/2022-jun-12/opiniao-carta-arbitral-execucao-tutelas-proferidas-exterior, consulté le 11 juillet 2022) ; A. COELHO FRAGA DE OLIVEIRA & C. GOMES DE MOURA, « A Aplicação da Carta Arbitral para Execução Direta de Tutela de Urgência Estrangeira no Foro de Efetivação da Medida », Revista Brasileira de Arbitragem, Kluwer Law International, n° 73, vol. 19, janvier-mars 2022, pp. 34-73 ; Communication du Comité brésilien d'arbitrage (CBAr) organisée par la Coordination de Minas Gerais le 27/04/2021 et disponible sur : https://www.youtube.com/watch?v=1txbs82qbUM (accès le 25/09/2021) ; E. TALAMINI, *Carta arbitral pode ser expedida por tribunal arbitral que atua fora do Brasil*, CRCF, http://assbandf.com.br/crcf/2016/01/08/video-eduardo-talamini-carta-arbitral-pode-ser-expedida-por-tribunal-arbitral-atua-fora-brasil/>, consulté le 21 juin 2018) ; A. PALMA [Warm-Up HardTalk], O

judiciário e a arbitragem, 2020, Canal Arbitragem ; https://www.youtube.com/watch?v=uFsTJvV-1RE&feature=youtu.be (1:24:07) : « *Então não era um comando decorrente da sentença, se fosse um efeito da sentença estrangeira, nós não poderíamos cumprir. E veio muito bem instruído com tradução juramentada inclusive para apenas preservar aqueles valores. Então não tenho comigo, mas tenho conhecimento e a gente até discutiu essa questão e foi cumprido sem maiores problemas. Passou pela jurisdição nossa de primeiro grau. São raros os casos, eu até fico um pouco assim de contrariar a Excelência, mas eu acho que nesse sentido quando vem de ordem processual de tribunal arbitral e já tão bem instruído e apenas para preservar até o final da arbitragem, o colega entendeu como talvez eu entenderia também de cumprir com a maior urgência possível sem que fosse violação da competência do STJ.* » P. SANSEVERINO [Warm-Up HardTalk], O judiciário e a arbitragem, 2020, Canal Arbitragem, https://www.youtube.com/watch?v=uFsTJvV-1RE&feature=youtu.be (1:24:07) : « *Não, eu concordo sem nenhuma dúvida. Eu não entendi que não seria já uma sentença arbitral, mas se é durante o curso do procedimento arbitral uma medida cautelar deferida por um tribunal arbitral estrangeiro, aí está nas medidas de cooperação entre as autoridades judiciárias, no caso, a jurisdição arbitral entra nesse conceito. Tanto que lá no STJ a gente admite os conflitos de competência, aí concordo. Acho que deve ser apreciada diretamente. Eu pensei numa hipótese em que estaria dentro da competência do STJ e essa ainda não se encontra na competência do STJ. Então não há necessidade de uma homologação dessa decisão. Eu concordo com a doutora Andrea nesse ponto.* »

302 Cf. S. R. GRION, « Árbitro de Emergência – Perspectiva brasileira à luz da experiência internacional », in C. C. ALBERTO ; S. FERREIRA ; P. BATISTA, *20 Anos da Lei de Arbitragem – Homenagem a Petrônio R. Muniz*, São Paulo, Grupo GEN, 2017, p. 419 : « [...] *as decisões dos árbitros de emergência proferidas no Brasil podem ser transmitidas ao Judiciário por meio da carta arbitral prevista no art. 22-C da Lei de Arbitragem ou, caso a decisão seja prolatada por árbitro de emergência funcionando no exterior, ela pode ser apresentada ao Superior Tribunal de Justiça por meio de carta rogatória* » ; B. POTSCH, *op. cit.*, p. 36 : « *A resposta deriva dos termos da reiterada jurisprudência do Superior Tribunal de Justiça e, mais recentemente, dos expressos termos da lei. Se não há diferenciação admissível a desautorizar a utilização da carta rogatória por árbitros e tribunais arbitrais alienígenas, e se é admissível no Brasil a concessão de exequatur a cartas rogatórias*

Étant donné que les critiques au système d'assimilation ont été déjà adressées, il convient d'examiner finalement les raisons pour lesquelles les commissions rogatoires ne sont pas la solution la plus adaptée pour répondre aux attentes des parties au sein d'un arbitrage international, pour, ensuite, prouver le bien-fondé de l'applicabilité des lettres arbitrales au sein des arbitrages ayant leur siège à l'étranger.

*(2) L'incompatibilité du régime des commissions rogatoires face aux attentes des parties au sein de l'arbitrage international*

En ce sens, le temps requis pour l'exécution de la mesure arbitrale est l'argument le plus fort allant à l'encontre de la compatibilité des commissions rogatoires avec les besoins des parties. Comme déjà souligné, en l'absence d'un traité international prévoyant une communication directe entre les autorités centrales des États concernés, la commission rogatoire rendue par des organes étatiques est transmise par voie diplomatique.

En ce sens, elle est d'abord envoyée au ministère des Affaires étrangères brésilien pour qu'il puisse, ensuite,

---

*que carreiem decisão interlocutória estrangeira concessiva de medida de urgência, a conclusão não pode ser outra: podem ser reconhecidas no Brasil por meio de carta rogatória as cautelares de árbitros estrangeiros* » ; B. VENOSA, « A interação entre o direito aplicável ao procedimento arbitral e as tutelas arbitrais de urgência estrangeiras », in *Revista Brasileira de Arbitragem*, Kluwer Law International 2020, vol. XVII, Issue 66, p. 25 : « *Isso posto, como já mencionado antes, será preferível, via de regra, a obtenção de ordem processual pela qual o tribunal arbitral concede a tutela de urgência, com o objetivo de vêla processada como concessão de exequatur à carta rogatória perante o Superior Tribunal de Justiça* [...] ».

l'envoyer au ministère de la Justice[303]. Lorsque celui-ci la reçoit, il devra coordonner son exécution et donner son point de vue sur la recevabilité de la demande[304]. Ensuite, il la transférera à la Cour supérieure de justice pour qu'elle analyse la demande à l'égard de l'exequatur[305]. Pendant cette procédure, la partie adverse peut contester la demande d'homologation et le ministère public brésilien devra émettre son opinion sur l'exequatur[306]. C'est seulement ensuite, si la commission rogatoire est homologuée, qu'elle sera transmise à la Justice fédérale de l'État brésilien compétent pour l'exécution de la mesure sollicitée[307].

De ce fait, on perçoit que la demande d'homologation peut prendre des mois, voire même des années avant qu'elle n'aboutisse, en raison des nombreuses démarches à suivre. Cette situation est encore plus grave lorsque la commission rogatoire est rendue par un tribunal arbitral à l'étranger. Puisque les arbitres ne sont pas compétents pour transmettre la commission rogatoire directement au ministère des Affaires étrangères brésilien, le renvoi à

---

303 Cf. l'Article 4 de la *Portaria Interministerial n° 501*, du 21 mars 2012, créé par le ministère de la Justice et le ministère des Affaires étrangères brésilien.

304 Cf. l'Article 5 de ce même texte.

305 B. POTSCH, *op. cit.*, p. 31.

306 Résolution n° 09 du 4 mai 2005, *Emenda Constitucional n° 45/2004*. L'Article 10 détermine que : « Le ministère public pourra avoir la demande d'homologation de commission rogatoire pour une période de dix jours, et peut les remettre en question. » (Traduction libre.)

307 Cf. Article 965 du CPC/2015 : « Le respect d'une décision étrangère doit être fait devant la juridiction fédérale compétente, à la demande de la partie, conformément aux règles établies pour l'exécution d'une décision nationale. Un seul paragraphe. La demande d'exécution doit être accompagnée d'une copie certifiée conforme de la décision d'homologation ou de l'exequatur, selon le cas. » (Traduction libre.)

l'autorité centrale ou diplomatique de l'État du siège de l'arbitrage est obligatoire[308]. Celui-ci peut accorder ou non son soutien, ce qui peut encore ralentir la procédure et porter atteinte à l'utilité de la mesure. À ce titre, au regard de la Commission rogatoire n° 5384, on constate qu'il a fallu environ un an pour que le Registre de commerce de l'État de Rio de Janeiro ne soit notifié[309].

Dès lors que le juge compétent pour traiter la demande d'exequatur n'est pas celui du lieu de l'exécution de la mesure, mais qu'il s'agit du président de la Cour supérieure brésilienne, la procédure perd de son efficacité et de sa rapidité. Cela n'est pas, cependant, motif de préoccupation au sein du système des lettres arbitrales, vu qu'elles sont envoyées directement par le tribunal au juge compétent pour l'exécution de la mesure – ce qui démontre son adaptabilité à la nature de la mesure à titre provisoire et aux besoins des parties.

En outre, l'incompétence de l'autorité qui a octroyé la mesure à l'égard de la loi nationale du siège constitue un motif de refus d'exequatur d'une demande de commission rogatoire. En ce sens, il n'est pas certain que sera vérifiée seulement la compétence de l'arbitre d'octroyer la mesure à titre provisoire – il est probable que seront également examinées l'arbitrabilité du litige, la validité de la convention d'arbitrage et la régularité de la constitution du tribunal

---

[308] En ce sens, il faut une décision étatique pour que la commission soit transmise, v. B. POTSCH, *op. cit.*, p. 31 ; A. ABBUD, *op. cit.*, p. 239 ; M. CARRETEIRO, p. 299 ; P. MARTINS, 2009, *op. cit.*, p. 381.

[309] En ce sens, la demande a été enregistrée le 10/11/2010 sur le site de la Cour supérieure de justice. C'est seulement le 29/08/2011 que le juge Marcelo Leonardo Tavares de la Cour fédérale, responsable pour l'exécution de la commission rogatoire, a été notifié de la demande d'homologation. Cf. STJ, Cour supérieure brésilienne, 15 avril 2011, Decisão Monocrática, Ministre Ari Pargendler, *Carta Rogatória n° 5.384/AR*.

arbitral. Le silence de la loi sur ce point est cohérent, car elle n'était pas rédigée dans le but d'inclure la procédure arbitrale. Pourtant, la lettre arbitrale précise clairement la portée du contrôle de la compétence du tribunal arbitral, comme prévu par l'Article 267 du CPC/2015.

L'ouverture nécessaire au mécanisme de lettres arbitrales semble inévitable, car celle-ci permet une communication plus efficace et rapide entre le tribunal arbitral et le juge de l'exécution, permettant que la mesure demandée soit satisfaite à temps et évitant de rendre la demande inutile. Les raisons suivantes démontrent qu'il est possible de transposer à l'ordre juridique brésilien la tendance à se détacher du siège de l'arbitrage comme critère de compétence du juge, en raison de l'applicabilité de lettre arbitrale aux arbitrages ayant leur siège hors du territoire brésilien.

### *(B) L'ouverture nécessaire au mécanisme de lettres arbitrales internationales*

L'ouverture vers le mécanisme des lettres arbitrales paraît inévitable car celui-ci permet que les mesures provisoires conservatoires sollicitées soient prises dans les délais utiles. Les raisons évoquées sont simples :

#### *(1) La lettre arbitrale est applicable aux arbitrages dont le siège est situé à l'étranger*

En premier lieu, la réforme de la loi d'arbitrage brésilienne et l'entrée en vigueur du CPC en 2015 ont permis d'établir et de reconnaître respectivement un système spécial au mécanisme de commissions rogatoires en vigueur préalablement puisqu'elles ont introduit la lettre arbitrale en tant que solution pour la question en analyse.

Le recours systématique aux commissions rogatoires s'inscrit seulement dans le cadre des mesures provisoires et conservatoires prononcées par des cours étatiques et non par des arbitres[310]. Par contre, la loi d'arbitrage brésilienne n'a pas expressément restreint l'usage de la lettre arbitrale aux tribunaux d'arbitrage situés au Brésil.

C'est pour ce motif que R. G. da FONSECA défend l'usage généralisé de la lettre arbitrale en tant que leçon de clarté et d'impartialité :

« Si la législation n'a pas expressément restreint l'usage de la lettre arbitrale aux tribunaux d'arbitrage situés au Brésil, il est possible de considérer qu'elle peut être employée par des tribunaux d'arbitrage situés dans d'autres lieux, d'autant plus que le tribunal brésilien est moniste, c'est-à-dire qu'il traite de façon uniforme les arbitrages, sans distinction entre ceux qui sont nationaux ou internationaux. En cas de silence, il est parfaitement possible d'interpréter que n'importe quel tribunal d'arbitrage, siégeant au Brésil ou à l'étranger, puisse expédier une lettre arbitrale à une autorité judiciaire brésilienne. Et parmi les objectifs de l'émission d'une lettre arbitrale figure l'exécution des mesures provisoires conservatoires prononcées par les arbitres[311]. »

Dans le même sens et dans le cadre de la même problématique, les professeurs C. FINKELSTEIN et A. F. NASCIMBENI expliquent que :

« Ni le NCPC, ni la LARb n'ont été jusqu'à définir quelle serait la procédure qui réglerait un arbitrage international. Dans le cas de la lettre arbitrale, l'interprétation est libre en ce qui concerne le moyen utilisé par un tribunal international constitué, ou dont le siège est situé en dehors du territoire brésilien, régi par les règles de procédure brésilienne ou étrangère, afin d'exécuter ses communications avec les

---

[310] D. SPELLER & C. NUNES, *op. cit.*, pp. 27 ; E. TALAMINI, Eduardo, « *Carta arbitral pode ser expedida por tribunal arbitral que atua fora do Brasil* » (http://assbandf.com.br/crcf/2016/01/08/video-eduardo-talamini-carta-arbitral-pode-ser-expedida-por-tr Tribunalarbitral- atua-fora-brasil, consulté le 1er août 2021).

[311] R. FONSECA, 2019, *op. cit.*, pp. 296/297 (traduction libre). Cf. C. FORBES & P. KOBAYASHI, *op. cit.*, pp. 521/535 ; D. SPELLER & C. NUNES, *op. cit.*, pp. 27 ; TALAMINI, Eduardo, *op. cit.*

tribunaux brésiliens, soit par la voie de la lettre arbitrale, ou soit par la voie de la commission rogatoire[312] ».

De toute façon, cette absence de définition de procédure de la loi d'arbitrage brésilienne, selon l'opinion du professeur C. FINKELSTEIN, n'empêche pas l'usage de l'instrument de la lettre arbitrale pour les arbitrages internationaux. Il affirme à ce sujet que :

« [...] Toute sollicitation comprise dans une lettre arbitrale, y compris celle dont l'origine est internationale, et serait-elle directement expédiée par les arbitres, pourra être opérationnalisée par l'institution qui administre la procédure arbitrale directement en sein de sa juridiction, selon les termes de l'Article 965 du NCPC et de l'Article 965 c, 1 de la Constitution fédérale[313]. »

Cette opinion est importante car, comme mentionné préalablement, la loi d'arbitrage brésilienne ne restreint pas le domaine d'application des procédures situées au Brésil et il est donc possible de l'appliquer à des procédures d'arbitrage étrangères. À l'opposé d'autres législations, la loi d'arbitrage brésilienne ne distingue pas quelles dispositions sont applicables ou non aux arbitrages nationaux et internationaux.

La loi d'arbitrage brésilienne est de nature moniste[314] dans la mesure où c'est la même loi qui régit tous les types

---

[312] C. FINKELSTEIN, A. NASCIMBENI, « Carta arbitral: possíveis situações de não cooperação do juízo estatal », *Revista de Arbitragem e Mediação*, volume 54, 2017, pp. 125/150 (traduction libre).

[313] C. FINKELSTEIN, « A Carta arbitral na nova alteração à Lei de Arbitragem e no novo Código de Processo Civil », in A. NASCIMBENI, J. MUNIZ, R. RANZOLIN, Ricardo Borges (coord.), *20 anos da Lei Brasileira de Arbitragem*, Brasília, CFOAB, 2015, pp. 109/110 (traduction libre).

[314] F. VÉRAS, *Arbitragem e corrupção: um estudo sobre a perspectiva do direito brasileiro. Dissertation de Mastère*, Université fédérale de Minas Gerais, Faculté de droit, Belo Horizonte, 2020, p. 40 ; G. BONATO, Panorama da arbitragem na França e na Itália.

d'arbitrage, en engageant ou non des parties brésiliennes et étrangères et qu'il s'agisse de conflits internes ou transnationaux[315]. En d'autres termes, ceci signifie que la loi d'arbitrage brésilienne accorde le même traitement aux arbitrages internationaux qu'aux nationaux, sauf en cas de dispositions expresses, comme nous l'expliquent J. A. FICHTNER, S. N. MANNHEIMER et A. L. MONTEIRO :

> « Nous avançons, d'ores et déjà, que la loi d'arbitrage brésilienne n'a pas établi de différences entre l'arbitrage international et national, raison pour laquelle il est dit que le Brésil a adopté le régime moniste d'arbitrage en prévoyant des règles standardisées pour l'arbitrage, tant pour les arbitrages considérés internationaux, que pour ceux considérés internes[316] ».

Par exemple, le STJ a jugé, dans un arrêt en date du 19 avril 2017, qu'une sentence arbitrale étrangère (donc rendue en dehors du territoire brésilien) était contraire à l'ordre public en raison de la partialité de l'arbitre, se référant aux Articles 13 et 14 de la loi brésilienne d'arbitrage[317].

---

Perspectiva de direito comparado com o sistema brasileiro, *Revista Brasileira de Arbitragem*, volume 11, n° 43, 2014, pp. 28/29 ; T. NUNES, *Análise dos efeitos da prescrição extintiva na arbitragem nacional e internacional, à luz do direito brasileiro*, Dissertation de doctorat, Université de São Paulo, Faculté de droit, São Paulo, 2011, p. 55 ; J. A. FICHTNER, S. MANNHEIMER, A. MONTEIRO, Âmbito de aplicação da Convenção de Nova York às convenções de arbitragem: necessária adoção do critério da internacionalidade, *Revista de Arbitragem e Mediação*, volume 63, 2019, p. 13.

315 A. DIAS, « Os sistemas monista e dualista na arbitragem comercial », *Revista Brasileira de Arbitragem* 2016, Kluwer Law International, vol. XIII, p. 92-111, spéc. 94.

316 A. FICHTNER, S. MANNHEIMER, A. MONTEIRO, *op. cit.*, p. 94 (traduction libre).

317 STJ, Cour supérieure brésilienne, 19 avril 2017, Ministre Félix Fischer, *SEC n° 9.412*.

Or, lorsque l'Article 22-C de la loi d'arbitrage brésilienne prévoit le système d'assistance au juge, en précisant que « l'arbitre ou le tribunal arbitral peut délivrer une lettre arbitrale à la juridiction nationale pour qu'elle exécute, dans le domaine de sa compétence territoriale, un acte demandé par l'arbitre[318] », celle-ci serait également applicable aux procédures ayant leur siège à l'étranger.

Imposer des formalités supplémentaires aux lettres arbitrales provenant de l'étranger serait donc contradictoire, spécialement en l'absence de prévision spécifique dans ce sens. Cette interprétation contredit les principes de base herméneutiques qui disent que lorsqu'il existe une norme plus actuelle et spécifique sur un sujet déterminé, on ne peut appliquer une norme générale[319], comme ce serait le cas de l'application analogique des commissions rogatoires.

En fait, l'Article 22-C de la loi d'arbitrage brésilienne lui-même qui instaure le mécanisme de la lettre arbitrale ne limite pas l'expédition de celle-ci à l'arbitre ou au tribunal d'arbitrage national, mais se contente de spécifier que son destinataire doit être un organisme juridictionnel national. Le choix de la terminologie n'est pas anodin car

---

[318] L'Article 22-C en portugais : « *Art. 22-C. O árbitro ou o tribunal arbitral poderá expedir carta arbitral para que o órgão jurisdicional nacional pratique ou determine o cumprimento, na área de sua competência territorial, de ato solicitado pelo árbitro. Parágrafo único. No cumprimento da carta arbitral será observado o segredo de justiça, desde que comprovada a confidencialidade estipulada na arbitragem* » (traduction libre).

[319] Selon les enseignements de C. R. GONÇALVES, « il faut tenir compte de trois critères pour résoudre des conflits : a) le critère chronologique (la norme postérieure prévaut sur la norme antérieure) ; b) le critère de la spécialité (la norme spéciale prévaut sur la norme générale) ; c) le critère hiérarchique (la norme supérieure prévaut sur la norme inférieure). » (Traduction libre.) C. R. GONÇALVES, *Direito Civil Brasileiro*, Parte Geral, São Paulo, Saraiva, 2017, E-book.

il n'est possible d'appliquer des conditions plus étroites à l'arbitrage international que de façon expresse et minutieusement détaillée parce qu'il s'agit précisément d'une exception à la règle générale.

C'est le cas de la nécessité expresse de reconnaissance par le STJ pour l'exécution des sentences arbitrales étrangères, dont les règles sont stipulées dans les Articles 34 à 40 de la loi d'arbitrage brésilienne. En ce sens, la leçon magistrale de G. PALLIERI précise que : « [i]l est vrai que même dans cette hypothèse on doit appliquer aux sentences arbitrales étrangères la procédure simplifiée édictée pour les sentences nationales, dès lors que les lois de cet État ne contiennent pas de prescriptions expresses pour les sentences arbitrales étrangères[320] ».

À ce sujet encore, il convient de se référer à la logique de la CNY et à ses principes de base. Bien qu'il soit connu qu'elle ne régule pas l'exécution des mesures conservatoires et provisoires, il faut admettre qu'il s'agit d'une des conventions plus importantes en termes d'arbitrage. En dépit du champ restreint d'applicabilité de ses règles, son analyse est fondamentale pour établir des directives afin de guider les systèmes d'arbitrage dans le monde.

L'Article VII (1)[321] de la CNY garantit que les États signataires ne violent pas cette convention en cas

---

[320] G. PALLIERI, L'arbitrage privé dans les rapports internationaux, *Collected Courses of the Hague Academy of International Law*, 1935, p. 371.

[321] CNY, Article VII : « Article VII 1. 1. Les dispositions de la présente Convention ne portent pas atteinte à la validité des accords multilatéraux ou bilatéraux conclus par les États contractants en matière de reconnaissance et d'exécution des sentences arbitrales et ne privent aucune partie intéressée du droit qu'elle pourrait avoir de se prévaloir d'une sentence arbitrale de la manière et dans la mesure admise par la législation ou les traités du pays où la sentence est invoquée. 2. Le Protocole de Genève de 1923 relatif aux clauses d'arbitrage et la Convention de Genève de 1927 pour l'exécution des

d'application de dispositions plus favorables à l'exécution de sentences prévues par des traités multilatéraux ou bilatéraux, ou même, par leur propre législation[322]. Il s'agit du principe de la règle du « *most favorable right*[323] » impliquant d'utiliser la norme qui facilite l'homologation de la décision. Il ne fait aucun doute que la lettre arbitrale est l'instrument le plus favorable à l'exécution des mesures provisoires dans le droit brésilien.

Finalement, l'Article 237 du Code de procédure civile de 2015 liste tout type de mécanismes de coopération existant, en précisant que la lettre arbitrale serait celle

---

sentences arbitrales étrangères cesseront de produire leurs effets entre les États contractants du jour, et dans la mesure où ceux-ci deviendront liés par la présente Convention ».

[322] Dispositions expresses selon les travaux de l'article en question : *"29. Article VII (1) facilitates the recognition and enforcement of foreign arbitral awards by ensuring that Contracting States will not be in breach of the Convention by enforcing arbitral awards pursuant to more favourable provisions found in their domestic laws.*" (En anglais.) « 29. L'Article VII (1) facilite la reconnaissance et l'exécution de sentences arbitrales étrangères et garantit ainsi que les États signataires ne violent pas la Convention en exécutant des sentences arbitrales selon des dispositions moins favorables issues de leurs lois internes. » (Traduction libre.)

[323] En ce sens, comme l'explique C. G. PEREIRA : « On évoque ici la règle du "most favorable right" ou droit plus favorable. Il nous faut de suite clarifier que ce paramètre concerne le droit de la partie en quête d'homologation. On applique le régime le plus favorable à l'homologation, c'est-à-dire, celui qui établit des exigences moins minutieuses, selon la partie intéressée par l'homologation, afin de reconnaître la validité de la sentence étrangère ou pour la procédure d'homologation. » (Traduction libre.) C. PEREIRA, *A Interação entre a Convenção de Nova Iorque (CNI) e o Direito Interno Brasileiro: Roteiro para a Compreensão do Tema no Âmbito da Homologação de Sentenças Arbitrais Estrangeiras* (https://www.justen.com.br/pdfs/IE69/IE69_not_cesar.pdf, consulté le 22/09/2021).

applicable lorsque la demande d'assistance devient de la juridiction arbitrale[324].

« Article 237. Il sera émis une :

I – lettre d'ordre, par le tribunal, dans l'hypothèse du § 2 de l'Article 236 ;

II – commission rogatoire, par un organe juridictionnel étranger de pratiquer un acte de coopération juridique internationale, concernant une procédure devant un tribunal brésilien ;

III – lettre *precatória*, par un tribunal brésilien, en visant l'exercice ou la détermination, dans le cadre de sa compétence territoriale, d'un acte lié à une demande de coopération judiciaire formulée par un tribunal ayant une juridiction territoriale interne différente de celui-ci ;

IV – lettre arbitrale, afin que le juge étatique territorialement compétent pratique la conformité dans le domaine de sa compétence territoriale, de l'objet de demande de coopération judiciaire, en incluant une demande d'exécution d'une mesure à titre provisoire.

Un seul paragraphe. Si l'acte concernant une procédure devant la Cour fédérale ou la juridiction supérieure doit être pratiqué dans un endroit où il n'y a pas de loi fédérale, la lettre peut être adressée à la Cour d'État du comté respectif. »

On observe que si le législateur voulait intégrer les mesures arbitrales à titre provisoire rendues à l'étranger

---

[324] L'Article 237 en portugais : « *Art. 237. Será expedida carta: I - de ordem, pelo tribunal, na hipótese do § 2o do art. 236; II - rogatória, para que órgão jurisdicional estrangeiro pratique ato de cooperação jurídica internacional, relativo a processo em curso perante órgão jurisdicional brasileiro; III - precatória, para que órgão jurisdicional brasileiro pratique ou determine o cumprimento, na área de sua competência territorial, de ato relativo a pedido de cooperação judiciária formulado por órgão jurisdicional de competência territorial diversa; IV - arbitral, para que órgão do Poder Judiciário pratique ou determine o cumprimento, na área de sua competência territorial, de ato objeto de pedido de cooperação judiciária formulado por juízo arbitral, inclusive os que importem efetivação de tutela provisória. Parágrafo único. Se o ato relativo a processo em curso na justiça federal ou em tribunal superior houver de ser praticado em local onde não haja vara federal, a carta poderá ser dirigida ao juízo estadual da respectiva comarca* » (traduction libre).

dans la disposition relative aux commissions rogatoires, il aurait pu le faire. Cependant, il a décidé d'y inclure une provision expresse sur ce sujet sur les lettres arbitrales. Or, il semble raisonnable de dire qu'il n'existe pas de vraies barrières à l'acceptation du système des lettres arbitrales brésiliennes au sein des procédures arbitrales étrangères. Le même contrôle formel de la validité de la demande retrouvé dans le mécanisme de commissions rogatoires pourrait être fait au sein des lettres arbitrales, incluant le contrôle du respect de l'ordre public[325].

En réalité, la différence majeure entre ces deux systèmes résiderait dans le fait que la demande d'assistance pourrait être envoyée directement par le tribunal arbitral au juge de l'exécution de la demande, sans avoir à effectuer les nombreuses démarches déjà exposées dans cet ouvrage. Nous détaillerons cette question dans la partie à suivre.

*(2) L'exécution directe de la mesure à titre provisoire dans le lieu d'exécution*

La principale barrière à la mise en place du système de la lettre arbitrale est la compétence constitutionnelle de la Cour supérieure brésilienne en matière d'exequatur de commissions rogatoires[326]. Vu que ceux-ci sont l'instrument traditionnel de coopération internationale, la compétence d'homologation des demandes venant de l'étranger relèverait, en effet, exclusivement du STJ, et non des juges locaux du lieu d'exécution de la mesure demandée.

---

[325] P. MARTINS, 1999, *op. cit.*, p. 365.

[326] L'Article 105 (I) (i) de la Constitution brésilienne détermine que : « Art. 105 : La Cour supérieure brésilienne est compétente pour : (1) juger [...] (i) l'homologation aux sentences arbitrales étrangères et aux commissions rogatoires. » (Traduction libre.) Sur ce sujet, cf. J. MUNIZ, *op. cit.*, p. 212.

Néanmoins, si l'on tient compte du critère d'internationalité adopté par la loi d'arbitrage brésilienne, la possibilité d'une analyse diffuse de l'ordre public par les juges de première instance, ainsi que la systématique de l'exécution de la lettre arbitrale au Brésil, on doit considérer comme possible l'exécution de la mesure à titre provisoire arbitrale directement sur le lieu de son exécution.

Selon l'Article 34 de la loi d'arbitrage brésilienne, une sentence arbitrale étrangère s'entend d'une sentence rendue en dehors du territoire national[327]. En ce sens, les décisions signées au Brésil sont assimilées à celles prononcées par le juge étatique brésilien[328] et constituent un titre exécutif judiciaire, conformément à l'Article 515, VII, du Code de procédure civile. Il n'y a donc pas nécessité de commencer une procédure d'homologation pour exécuter la décision[329].

D'autre part, si la sentence est rendue à l'étranger, elle doit passer par la procédure d'exequatur devant la Cour supérieure de justice. En effet, elle doit envisager les

---

[327] L'Article 34 détermine que : « Art. 34. La sentence arbitrale étrangère sera reconnue ou exécutée au Brésil conformément aux traités internationaux de manière effective en droit interne et, en son absence, strictement conformément aux termes de la présente loi. Une sentence arbitrale étrangère est réputée avoir été rendue en dehors du territoire national. » (Traduction libre.)

[328] Cette comparaison peut être vérifiée en lisant les Articles 18 et 31 de la loi d'arbitrage brésilienne. Dans ce sens : « Art. 18. L'arbitre est un juge de fait et de droit, et la sentence qu'il prononce n'est pas susceptible d'appel ou d'homologation par le pouvoir judiciaire. Article 31. La sentence arbitrale produit, entre les parties et leurs successeurs, les mêmes effets de la sentence prononcée par les juges étatiques et, en cas de condamnation, constitue un titre exécutif. » (Traduction libre.)

[329] L'article précité stipule que : « Art. 515. Les titres d'exécution exécutive sont les suivants, qui doivent être respectés conformément aux articles prévus au présent titre : [...] VII - la sentence arbitrale » (traduction libre).

conséquences positives et négatives de la reconnaissance effective de la décision, tel que déterminé par les Articles 34 à 40 de la loi d'arbitrage, par les dispositions de la CNY, ainsi que par les Articles 483 et 484 du CPC/2015 et 216-A à 126-N du Règlement interne du STJ.

Toutefois, la pratique internationale a opté pour ne pas caractériser la décision arbitrale elle-même comme nationale ou étrangère, préférant qualifier la procédure ainsi, afin de déterminer les effets juridiques qui en découlent [330] . En France, par exemple, le critère économique a été adopté ; ce critère indique que la nationalité de l'arbitrage est établie en fonction de son lien avec le commerce international, conformément aux Articles 1492 à 1496 du Code de procédure civile[331]. Les États-Unis d'Amérique, en revanche, définissent l'arbitrage international comme une procédure dans laquelle la procédure a une relation raisonnable avec plus d'un État, conformément au chapitre II, § 202, de la *FAA*[332].

On devrait être d'accord avec le professeur C. CARMONA lorsqu'il affirme que l'option laissée par le législateur brésilien est plus objective et plus simple, bien que techniquement répréhensible et basée seulement sur le lieu où la sentence sera rendue[333]. Ceci est justifié, par exemple, puisque dans un arbitrage maritime international, impliquant par exemple un contrat de transport entre commerçants italiens et allemands, appliquant le droit anglais, la procédure serait considérée

[330] Le choix du critère de territorialité, selon C. VALENÇA, va « contre la tendance internationale moderne » (traduction libre). Cf. C. VALENÇA, *Poder judiciário e sentença arbitral*, Curitiba, Juruá Editora, 2002, p. 189.

[331] Cf. J. MUNIZ, *op. cit.*, p. 248 ; E. GAILLARD et J. SAVAGE (éd.), *op. cit.*, p. 50 ; A. REDFERN, *op. cit.*, p. 9.

[332] Cf. le § 202 de la *FAA*.

[333] C. CARMONA, *op. cit.*, p. 439.

comme nationale si la sentence avait été prononcée sur le territoire brésilien[334].

Or, jusqu'à quel point le critère territorial illustre-t-il avec précision ce que serait un arbitrage international[335] ? En fait, ce critère est modifié artificiellement par la localisation du siège de l'arbitrage qui peut, quant à lui, être choisi de façon conventionnelle et même être manipulé avec l'accord des parties. En fin de compte, il faut reconnaître que la compétence exclusive du STJ en matière d'homologation des sentences arbitrales demeure assujettie indirectement à l'autonomie des parties et à leur capacité de choix du siège arbitral ou, au moins, du lieu où les décisions pourront être prononcées.

Dans le cas de l'homologation des sentences arbitrales, il n'y a cependant aucune discussion possible que la compétence est exclusive du STJ. Vu l'obligation légale figurant dans l'Article 35 de la loi d'arbitrage brésilienne, le STJ est le tribunal compétent pour homologuer les sentences arbitrales prononcées en dehors du territoire brésilien. Tel n'est pas le cas cependant pour les mesures à titre provisoire arbitrales car il n'existe pas de dispositif au sein de la législation nationale qui octroie au STJ la compétence d'exécuter une mesure provisoire conservatoire prononcée par des arbitres dans le cadre de procédures dont le siège est à l'étranger.

Ce fait allié à la possibilité d'accord par des parties concernant le siège de l'arbitrage, de façon à manipuler son caractère international, doivent nécessairement militer en faveur de l'inexistence de barrières capables

---

[334] R. FONSECA, « Reflexões sobre a sentença arbitral », in *Revista de Arbitragem e Mediação* 2005, São Paulo, n° 6, p. 40 et s., spéc. p. 40.

[335] T. LAW, *O Reconhecimento e a Execução De Sentenças Arbitrais Estrangeiras no Brasil*, São Paulo, Livrus, 2016, p. 71 ; A. DIAS, *op. cit.*, p. 92.

d'empêcher l'exécution de la mesure au sein de la juridiction d'exécution.

- *La compétence exclusive du STJ manipulée conventionnellement par les parties*

Certains domaines de l'arbitrage doivent faire l'objet d'un traitement privilégié en ce qui concerne la juridiction étatique afin qu'il constitue un véritable système de justice. Cette situation est désormais très claire avec le célèbre principe *kompetenz-kompetenz* qui est aujourd'hui consacré dans la majorité des systèmes juridiques, mais qui a dû être développé et défendu par la doctrine.

E. GAILLARD l'a affirmé dans son ouvrage *Théorie juridique de l'arbitrage international* lorsqu'il rappelle que la consolidation du principe cn question a eu lieu « de forme volontariste, pour protéger l'arbitrage[336] ». Selon les explications très claires de l'auteur :

> « Bien que l'on valorise ce moyen privé solution des litiges, parfois identifiés comme un mode normal de résolution des conflits dans le cadre du commerce international, le législateur contemporain n'en ignore pas la vulnérabilité qui repose sur le fait que la compétence des arbitres est basée sur la volonté des parties[337] ».

Il faut reconnaître qu'il est « beaucoup plus facile de saboter un arbitrage – en avançant des raisons d'ordre purement formel[338] » que de contester une juridiction étatique. C'est justement à cause de la fragilité de la procédure d'arbitrage face aux tribunaux étatique que – en faisant du domaine d'exécution des mesures arbitrales

---

[336] E. GAILLARD, *Teoria Jurídica da Arbitragem Internacional*, Atlas, São Paulo, 2014, p. 79 (traduction libre).
[337] E. GAILLARD, *Teoria Jurídica da Arbitragem Internacional*, Atlas, São Paulo, 2014, p. 79 (traduction libre).
[338] *Idem.*

provisoires étrangères l'une des branches du droit arbitral capable de semer le doute à propos de son effectivité – il ne faut pas interpréter la compétence exclusive du STJ comme un obstacle à l'adoption d'une procédure plus favorable à l'exécution des mesures à titre provisoire.

En premier lieu, il existe une lacune législative à propos du lieu spécifique de l'exécution de la mesure arbitrale étrangère à titre provisoire. Le propre Règlement du STJ n'impose pas sa compétence pour exécuter une lettre arbitrale étrangère. En vérité, le terme « lettre arbitrale » ne figure dans aucun article de ce règlement. L'Article 109, X, de la Constitution fédérale n'affirme pas non plus qu'il incombe aux juges fédéraux de faire exécuter une lettre arbitrale, après son exequatur par le STJ. Bien au contraire, cette compétence est restreinte aux commissions rogatoires[339].

Quant au CPC/2015, il ne fait mention que des prérequis de la lettre arbitrale, en conformité avec l'Article 260 en les assimilant à ceux de la commission rogatoire – ce qui est très différent de définir sa propre procédure. Ainsi, face au silence de la loi, il n'est pas possible d'imposer une situation plus défavorable à l'arbitrage, principalement lorsqu'il existe un mécanisme plus effectif, spécifique et adapté à cette question, déjà en usage au sein des procédures brésiliennes, comme c'est le cas de la lettre arbitrale.

C'est exactement ce que stipule l'Article 961 du CPC/2015 lorsqu'il affirme que « [la] décision étrangère ne sera efficace au Brésil qu'après l'homologation de la sentence étrangère ou la concession de l'exequatur aux

[339] Constitution fédérale, Article 109 (X) : « Art. 109. Il incombe aux juges fédéraux d'intenter un procès et de juger : [...] *X* les crimes d'entrée ou de séjour irrégulier d'étrangers, l'exécution de la commission rogatoire après "l'exequatur" et de la sentence étrangère après l'homologation, les causes en lien avec la nationalité, y compris l'option respective et la naturalisation. » (Traduction libre.)

commissions rogatoires, **sauf en cas de dispositions légales contraires ou de traité**[340] ».

Au vu de l'introduction de ce livre, l'idée de justice, surtout dans les cas de mesures provisoires conservatoires, ne se matérialise pas seulement par la qualité et les fondements de la mesure juridictionnelle prononcée, mais elle se manifeste aussi dans les faits à travers sa rapidité et son efficacité[341]. Il est ainsi logique que la simple nature de la mesure à titre provisoire plaide en faveur de la consolidation de la lettre arbitrale puisqu'il s'agit d'un mécanisme plus adapté et efficace par rapport à celui adopté s'agissant de sentences étrangères.

- *La protection diffuse de l'ordre public : l'exécution de la mesure provisoire arbitrale ne serait pas la première exception*

L'un des principaux arguments des défenseurs de l'utilisation de la commission rogatoire en tant que mécanisme d'exécution des mesures à titre provisoire prononcées en dehors du territoire brésilien est le besoin supposé d'analyse du respect de l'ordre public national par le STJ. En effet, depuis 2004, suite à l'EC 45, il incombe au STF d'homologuer les sentences étrangères et de concéder l'exequatur aux commissions rogatoires et donc d'analyser, entre autres aspects, le respect de l'ordre public dans le cadre de ces instruments.

Depuis cette époque, le STJ est vu comme le gardien de cette procédure, en l'état de certains de ses jugements considérés comme emblématiques, tels que celui traitant de la polémique d'exigibilité des dettes de jeu contractées à

[340] CPC/2015, Article 961, *caput.*

[341] V. DELAPORTE, *op. cit.*, p. 147.

l'étranger[342]. Toutefois, le fait qu'il ressorte de ses compétences d'analyser dans certains cas l'ordre public n'implique pas pour autant qu'il s'agisse d'une compétence exclusive. À tel point que l'Article 39 du CPC/2015, dont la compétence n'est pas limitée au STJ, stipule que « [la] demande passive de coopération juridique internationale sera refusée si elle implique une violation manifeste de l'ordre public ». Dans ce cas, le juge doit également analyser la conformité à l'ordre public des décisions transmises par la lettre arbitrale[343] dont il est censé ordonner l'exécution.

À ce propos, il est important de souligner la position de son Excellence Madame le Juge A. G. PALMA, de la 2e Chambre commerciale spécialisée en faillites, redressements judiciaires d'entreprises et conflits liés à l'arbitrage, du Tribunal de justice de São Paulo ainsi que de son Excellence le Ministre P. de T. SANSEVERINO du STJ sur le sujet.

A. G. PALMA souligne la possibilité d'exécution de mesures arbitrales à titre provisoire étrangères « sans violer la compétence du STJ » :

> « Elle [la lettre arbitrale rendue par un tribunal arbitral étranger] est passée par notre juridiction de première instance. Ces cas sont rares [...] [L]orsque la sentence vient d'un ordre processuel de tribunal arbitral et qu'elle a été si bien instruite, il suffit de la préserver jusqu'à la fin de l'arbitrage, mon collègue a compris comme peut-être je le comprendrais que je souhaitais respecter au mieux le caractère d'urgence sans violer la compétence du STJ[344] ».

---

342 STJ, Cour supérieure brésilienne, 13 juin 2017, Ministre Ricardo Villas Bôas Cueva, *RESP n° 1.628.974.*

343 P. MARTINS, *op. cit.*, p. 365.

344 Warm-Up HardTalk, *O judiciario e a arbitragem*, 2020, publié par la chaîne Arbitragem (<https://www.youtube.com/watch?v=uFsTJvV-1RE&feature=youtu.be> - 1:24:07 -, consulté le 17 août 2021 – traduction libre).

Similairement, le ministre P. de T. SANSEVERINO affirme que n'est pas nécessaire l'homologation par le STJ d'une mesure à titre provisoire rendue par un tribunal arbitral étranger :

« [S]'il s'agit d'une mesure conservatoire prononcée par un tribunal arbitral étranger, alors cela rentre dans les mesures de coopération entre les autorités judiciaires, dans ce cas, la juridiction arbitrale fait partie de ce concept. À tel point qu'au STJ on admet des conflits de compétence, alors je suis d'accord. Je pense qu'il faut l'analyser directement. J'ai pensé à l'hypothèse où cela relèverait de la compétence du STJ, mais cela ne fait pas encore partie de ses compétences. Une homologation de cette décision n'est donc pas nécessaire. Je suis d'accord avec Mme Andrea sur ce point[345] ».

De plus, il existe d'autres thématiques aptes à permettre l'appréciation de l'ordre public par d'autres institutions que le STJ, ce qui corrobore le fait que cette fonction ne relève pas de la compétence exclusive du STJ.

La réforme récente de la Loi n° 14.112 du 24 décembre 2020 (Loi de faillite), spécifiquement en ce qui concerne le chapitre de l'insolvabilité transnationale, a autorisé aux termes des Articles 167-J[346] et 167-B[347], l'exécution de la

[345] Warm-Up HardTalk, *O judiciario e a arbitragem*, 2020, publié par la chaîne Arbitragem (<https://www.youtube.com/watch?v=uFsTJvV-1RE&feature=youtu.be> - 1:24:07 -, consulté le 17 août 2021 – traduction libre).

[346] Loi de faillite, Article 167-J : « Art. 167-J. Sous réserve des dispositions du § 4 de l'Article 167-A de cette loi, le juge reconnaîtra la procédure étrangère lorsque : I – la procédure correspond à la définition constante de l'incise I du caput de l'Article 167-B de cette loi ; II – le représentant qui a requis la reconnaissance de la procédure correspond à la définition du représentant étranger indiqué par l'incise IV du caput de l'Article 167-B de cette loi ; III – la demande correspond aux prérequis établis dans l'Article 167-H de cette loi, et IV – la demande a été adressée au juge selon les dispositions de l'Article 167-D de cette loi. § 1 Si les prérequis prévus dans le caput de cet article ont été respectés, la procédure étrangère doit être reconnue comme : I – une procédure étrangère principale, dans le cas

sentence étrangère ou de la mesure provisoire conservatoire par le juge régional qui a déclaré la faillite. En effet, l'imposition de la concession d'exequatur par le STJ finirait par détériorer les actifs de l'entreprise en faillite eu égard au délai imposé, comme l'a déterminé le Tribunal de justice de Rio de Janeiro dans une décision récente à ce sujet[348].

Dès lors, la possibilité d'exécuter une décision étrangère directement en première instance n'est pas exclusivement réservée aux lettres arbitrales. Elle est également prévue dans le cadre des procédures de faillites

---

où elle a été sollicitée dans le lieu où le débiteur possède des biens ou une entreprise, sous la forme définie dans l'incise VI du caput de l'Article 167-B de cette loi. § 2 Malgré les dispositions des incises I et II du § 1 de cet article, la procédure étrangère sera reconnue comme procédure étrangère non principale si le centre des intérêts principaux du débiteur a été transféré ou manipulé d'une autre forme avec le but de transférer la compétence juridictionnelle d'ouverture de la procédure dans un autre État. § 3 La décision de reconnaissance de la procédure étrangère pourra être modifiée ou révoquée, à n'importe quel moment, à la demande de n'importe quelle partie intéressée, s'il existe des éléments qui prouvent que les prérequis de reconnaissance n'ont pas été respectés, dans leur ensemble ou en partie, ou qu'ils n'existent plus. § 4 Il sera possible de faire appel de la décision qui reçoit la demande de reconnaissance et de la sentence qui jugera cette procédure non recevable. » (Traduction libre.)

[347] Une procédure étrangère qui est traitée par l'Article 167-J est définie par l'Article 167-B, Loi de faillite, dans les termes suivants : « procédure étrangère : n'importe quel procès judiciaire ou administratif, de nature étrangère, n'importe quelle procédure judiciaire ou administrative, de nature collective, y compris de nature conservatoire, ouverte dans un autre pays selon les dispositions relatives à l'insolvabilité en question, où les biens et les activités du débiteur sont assujettis à une autorité étrangère à des fins de réorganisation ou de liquidation ».

[348] TJRJ, 3e Chambre commerciale, Juge Diogo Barros Boechat, 5 juillet 2021, *Action d'anticipation de mesure provisoire n° 0129945-03.2021.8.19.0001.*

transnationales, comme l'explique le professeur M. SACRAMONE :

> « La reconnaissance des décisions étrangères est également facilitée. Les procédures formelles telles que l'exigence d'homologation d'une décision étrangère par le STJ ou l'octroi de l'exequatur aux commissions rogatoires nuiraient aux créanciers. Dès lors que la procédure d'insolvabilité étrangère est une procédure collective de liquidation ou de restructuration, et que le représentant étranger est légitime, le juge brésilien de l'établissement principal devra reconnaître la procédure étrangère sans autre exigence formelle, selon les termes de l'Article 167-J[349] ».

Dans le même sens, selon D. S. QUEIROGA, le juge compétent pour ces affaires serait précisément celui du lieu de l'entreprise principale du débiteur, il incomberait alors à ce juge de recevoir la demande de coopération internationale et d'analyse de l'ordre public avec la possibilité de la refuser s'il n'est pas d'accord : « [son] Article 167-D détermine que le juge compétent pour les procédures d'insolvabilité est celui du lieu de l'entreprise principale du débiteur au Brésil. C'est celui-ci qui reçoit la demande de coopération internationale et qui peut la refuser, à partir du moment où il existe une violation importante du précepte de l'ordre public[350] ».

Comme c'est le cas en matière de faillite transnationale, la mise en place d'un régime juridique instaurant une coopération juridictionnelle plus développée entre les États doit prévaloir dans l'ordre juridique pris dans son

---

[349] M. SACRAMONE, *Comentários à Lei de Recuperação de Empresas e Falência,* 2e éd., São Paulo, Saraiva, 2021, pp. 1006/1007 (traduction libre).

[350] D. QUEIROGA, « A Insolvência Transnacional e o Desafio da Aplicaçaõ da Lei Modelo UNCITRAL no Brasil », in N. CHAVES, M. FÉRES, E. PIMENTA (coord.), *15 Anos da Lei de Recuperação e Falência de Empresas: Estudos Jurídicos de Acordo com a Lei n° 14.112/2020*, Belo Horizonte, Expert, 2021, pp. 412/437, p. 426.

ensemble et non de manière partielle et ainsi, il faut inclure les mesures d'arbitrage étrangères à titre provisoire dans son champ d'application.

Il est toutefois nécessaire de tenir compte de l'aspect négatif qu'une telle autorisation impliquerait. Il est clair que le contrôle de l'ordre public exercé de façon diffuse peut être à l'origine de décisions non techniques prises par des juges de première instance dans tout le Brésil. Pourtant, ce risque ne met pas en échec la systématique proposée vu que ces juges ne peuvent exercer que de manière étroite son pouvoir de contrôle vis-à-vis de la demande octroyée par le tribunal arbitral.

Dans cette hypothèse, il incombe à la communauté arbitrale de former les juges (i), aux tribunaux des États et fédéraux de créer des chambres spécialisées pour répondre à ce type de demande (ii) et aux cours supérieures et d'appel elles-mêmes de réviser les décisions illégales (iii).

Cependant, reconnaissant les difficultés actuelles de la doctrine et de la jurisprudence, l'auteur choisit de présenter quelques mesures pratiques, afin de chevaucher ces impasses rapportées dans cette étude, même s'il est entendu qu'aucune de ces mesures n'est nécessaire.

Tout d'abord, une solution envisageable serait le fractionnement de la loi applicable à la procédure d'arbitrage[351], par le biais du dépeçage, selon les termes de L. O. BAPTISTA[352]. En bref, les parties à l'arbitrage pourraient autoriser le tribunal arbitral d'un arbitrage dont siège est localisé dans un pays étranger à émettre des mesures à titre provisoire au sein du lieu où elles doivent être exécutées, ce que l'on appelle le dépeçage de la *lex*

---

[351] B. VENOSA, « A interação entre o direito aplicável ao procedimento arbitral e as tutelas arbitrais de urgência estrangeiras », in *Revista Brasileira de Arbitragem*, Kluwer Law International 2020, vol. XVII, Issue 66, p. 12.

[352] L. O. BAPTISTA, *Arbitragem comercial e internacional*, São Paulo, Lex Editora, 2011, p. 202-203.

*arbitri* [353] . Comment exposé par J. MUNIZ, la loi brésilienne d'arbitrage n'exige pas que les actes et procédures de l'arbitrage soient faits dans l'État du siège de la procédure ; il semble dès lors possible que l'arbitre signe sa décision relative à la demande de mesure à titre provisoire au Brésil en évitant tout type de souci au stade de la demande d'assistance au juge[354].

Une autre possibilité serait de permettre, *de lege ferenda*, que les parties intéressées demandent directement l'exécution de mesures à titre provisoire au juge du lieu d'exécution via une lettre arbitrale octroyée par un tribunal arbitral étranger, à l'exemple de la réforme de la loi d'arbitrage suisse de 2021.

Cette situation serait similaire à la modification de la loi brésilienne d'arbitrage, qui a expressément autorisé la participation de l'Administration publique à une procédure d'arbitrage, même si cela était déjà possible avant sa réforme. Quelle que soit l'opinion exprimée, il faut reconnaître que ce changement apporterait plus de confort aux juges pour exécuter les lettres d'arbitrage étrangères directement dans le lieu d'exécution de la mesure à titre provisoire.

---

[353] B. VENOSA, « A interação entre o direito aplicável ao procedimento arbitral e as tutelas arbitrais de urgência estrangeiras », in *Revista Brasileira de Arbitragem*, Kluwer Law International 2020, vol. XVII, Issue 66, p. 13-14.

[354] J. MUNIZ et J. MARÇAL, *op.cit.*, p. 321/322.

# CONCLUSION

L'arbitrage international connaît de plus en plus de litiges complexes, ce qui conduit à un allongement de la durée de la procédure, ainsi qu'à une augmentation des coûts de l'arbitrage. Les droits légaux des parties peuvent faire face à des menaces imminentes qui nécessiteront, à la demande des parties en début ou en cours d'instance, l'octroi de mesures conservatoires ou provisoires. En raison de la délocalisation du siège de la procédure arbitrale et du phénomène de déplacement de biens, les circonstances peuvent exiger qu'une demande de mesure à titre provisoire soit exécutée dans des pays autres que celui du siège de l'arbitrage.

Le système d'assimilation est une réponse à ce besoin, car il recourt à la force exécutoire d'une sentence pour qu'une telle mesure puisse produire ses effets à l'étranger. Cependant, l'assimilation d'une mesure à titre provisoire peut, elle, faire face à de nombreux obstacles, du fait d'une part, du silence des législations nationales sur cette matière et d'autre part, en raison des soucis de compatibilité de la définition de mesures à titre provisoire avec les caractéristiques inhérentes à une sentence.

En ce sens, la procédure d'exequatur et les exigences formelles lors de l'élaboration d'une sentence ne semblent pas compatibles avec la nature de la mesure à titre provisoire. On a pu constater que des questions complexes – de telle sorte qu'il n'est pas cohérent d'ouvrir des voies de recours pour une décision qui elle-même n'est pas définitive ou que l'étendue de contrôle du juge de l'exequatur peut porter atteinte au principe de compétence-compétence de l'arbitre, parmi d'autres – démontrent que la Convention n'est pas compatible avec la nature d'une mesure provisoire. À cet égard, la Loi type de 1985 refondue a apporté des précisions. Cependant, en reprenant les mêmes motifs de refus et de non-reconnaissance d'une sentence finale, elle a mis en échec tous les efforts d'amélioration du système d'assimilation.

Étant donné que le système d'assimilation n'assure pas l'exécution de la mesure provisoire ou conservatoire de manière assez flexible, équitable et rapide, il a été prouvé la nécessité d'ouvrir la matière au système d'assistance au juge. En considérant la mesure à titre provisoire comme une ordonnance, ce mécanisme évite de nombreuses imprécisions sur la compatibilité d'une mesure à titre provisoire avec la définition, les effets et les caractéristiques d'une sentence. En réalité, l'assistance au juge fournit une procédure adaptée à la nature de la décision en question, en prévoyant une portée limitée du pouvoir du juge étatique de réviser la mesure demandée. En ce sens, le juge doit vérifier, *prima facie*, l'apparence de régularité de la procédure, en exécutant presque automatiquement la décision de l'arbitre.

Les lois hongkongaise, allemande et suisse permettent, soit au travers d'une provision expresse, soit grâce à une interprétation libérale de la doctrine, l'assistance au juge aux arbitrages ayant leur siège à l'étranger. Toutefois, la juridiction brésilienne n'a pas encore une réponse définitive sur cette matière.

C'est justement en raison de cette imprécision que ce livre s'est essayé à démontrer, parmi d'autres objectifs, l'applicabilité du système de lettre arbitrale aux arbitrages ayant leur siège à l'étranger. Afin de traiter le sujet au mieux, les raisons pour lesquelles il était possible de transposer la tendance de se détacher du critère du siège de l'arbitrage à la juridiction brésilienne ont été exposées. Il convenait d'examiner plus profondément le système d'assistance au juge de la juridiction brésilienne, en ce sens qu'il permettait de fournir des solutions importantes aux pays qui adoptent le système d'assistance au juge, ainsi qu'à la communauté internationale. Du fait que le Code de procédure civile brésilien a prévu de manière exprès les motifs de refus d'exécution d'une lettre arbitrale et qu'il a interdit l'ouverture de voies de recours contre la décision de l'arbitre, il apparaît que le pouvoir du juge étatique de réviser la mesure demandée est encore plus limité par rapport aux juridictions hongkongaises, allemandes et suisses.

Cela étant dit, il existe bien deux mécanismes de coopération entre la justice arbitrale et la justice étatique capables d'assurer l'exécution des mesures provisoires et conservatoires rendues par un tribunal arbitral situé à l'étranger. Néanmoins, seul le système d'assistance au juge peut répondre effectivement aux attentes des parties. Si ce système était adopté par d'autres juridictions nationales, il éviterait que la matière des mesures provisoires et conservatoires ne mette en échec l'efficacité de l'arbitrage international comme moyen de règlement des litiges commerciaux.

# ANNEXES

Modèle de lettre arbitrale :

LETTRE ARBITRALE - [.]

Procédure arbitrale n° :
Institution d'arbitrage :
Arbitre(s) :
Demandeur(s) :
Défendeur(s) :
Acte(s) requis :
Délai d'exécution : [ ] jours

SECRET JUDICIAIRE [1]

ARBITRES : [ ]

JUGE ÉTATIQUE COMPÉTENT : [ ]

Monsieur/Madame [ ], arbitre nommé par les parties conformément à la convention d'arbitrage (Annexe I), les documents qui attestent sa nomination (Annexe II) et son acceptation de la fonction, conformément à la loi (Annexe III) fait savoir au Dr [ ], le juge de la [ ] que la procédure arbitrale mentionnée se déroule devant l'[arbitre ou tribunal arbitral] et, respectivement, devant l'institution d'arbitrage [ne s'applique pas si ad hoc], conformément aux documents joints.

BUT : [.].

AVERTISSEMENT : [.].

AVOCAT(S) : Demandeur(s) : [ ]. Défendeur : [ ].

ACTE DE FERMETURE

Ainsi, à partir du dossier joint, je vous demande à travers la présente LETTRE ARBITRALE que vous confirmiez la demande jointe, en déterminant les procédures d'exécution pour sa pleine satisfaction. [Ville/État, DATE]

Arbitre ou président du tribunal arbitral

Pièces jointes
Annexe I - convention d'arbitrage
Annexe II - documents attestant la désignation du (des) arbitre(s)
Annexe III - documents attestant l'acceptation par le(s) arbitre(s) de sa fonction

# BIBLIOGRAPHIE

## I. Ouvrages généraux, traités, manuels, cours


ALI-BAHMAEIM M., *L'Intervention du juge étatique des mesures provisoires et conservatoires en présence d'une convention d'arbitrage – Droits français, anglais et suisse*, Issy-les-Moulineaux, LGDJ, 2002.

ARAUJO N., *Direito Internacional Privado: Teoria e Prática Brasileira*, $3^{e}$ éd., Rio de Janeiro, Renovar, 2000.

ARAUJO N., *Direito Internacional Privado: Teoria e Prática Brasileira*, Porto Alegre, Revolução eBook, 2016, (https://books.google.com.br/books?id=zMHCCwAAQBAJ&printsec=frontcover#v=onepage&q&f=false>, consulté le 18 juin 2018).

AUDIT M., BOLLÉE S. et CALLE P., *Droit du commerce international et des investissements étrangers*, $2^{e}$ éd., Issy-les-Moulineaux, LGDJ, 2016.

BÄRTSCH P. et SCHRAMM D., *Arbitration Law of Switzerland: Practice & Procedure*, Huntington, JurisNet, 2014.

BECHARA F., *Cooperação Jurídica Internacional em Matéria Penal. Eficácia da prova produzida no exterior*, São Paulo, Saraiva, 2011.

BEDAQUE J., *Efetividade do processo e técnica processual*, São Paulo, Malheiros, 2006.

BERGER B. et KELLERHALS F., *International and Domestic Arbitration in Switzerland*, Londres, Sweet & Maxwell, 2010.

BERNMANN G. A. (éd.), *Recognition and Enforcement of Foreign Arbitral Awards: The Interpretation and Application of the New York Convention by National Courts*, vol. 23, Cham, Springer International Publishing, 2017.

BESSON S., *Arbitrage international et mesures provisoires, Étude de droit comparé*, Zurich, Schultess Polygraphischer Verlag, 1998.

BOLLÉE S., *Les Méthodes du droit international privé à l'épreuve des sentences arbitrales*, Paris, Economica, 2004.

BORN G. B., *International Commercial Arbitration*, vol. II, La Haye, Wolters Kluwer, 2009.

BOSCH A., *Provisional remedies in international commercial arbitration*, Berlin, Walter de Gruyter & Co, 1994.

CARBONNEAU T., *Carbonneau on International Arbitration: Collected Essays*, Huntington, Juris, 2011.

CARMONA C., *Arbitragem e Processo: Um comentário à Lei n. 9307/96*, 3e éd., São Paulo, Atlas, 2009.

CARRETEIRO M., *Tutela de Urgência e Processo Arbitral*, 1re éd., São Paulo, Revista dos Tribunais, 2018.

COE J., *International Commercial Arbitration: American Principles and Practice in a Global Context*, New York, Transnational Publisher, 1997.

DINAMARCO C., *A arbitragem na teoria geral do processo*, São Paulo, Malheiros, 2013.

DINAMARCO C., *Instituições do direito processual civil*, 6e éd., São Paulo, Malheiros, 2009.

DRAHOZAL C. et NAIMARK R., *Towards a Science of international Arbitration: Collected Empirical Research*, La Haye, Kluwer Law International, 2005.

EMARA F., *Les Mesures provisoires en arbitrage commercial international*, Île Maurice, Dictus Publishing, 2016.

FRAY J., GREENBERG S. et MAZZA F., *The Secretariat's Guide to ICC Arbitration*, International Chamber of Commerce (ICC), Paris, 2012.

GAILLARD E., *Teoria Jurídica da Arbitragem Internacional*, Atlas, São Paulo, 2014, p. 79.

GAILLARD E. et SAVAGE J. (éd.), *Fouchard Gaillard Goldman on International Commercial Arbitration*, La Haye, Kluwer Law International, 1999.

GAUDEMET-TALLON H., *Compétence et exécution des jugements en Europe*, 5e éd., Issy-les-Moulineaux, LGDJ, 2015.

GIRSBERGER D. et VOSER N., *International Arbitration: Comparative and Swiss Perspectives*, Schulthess Juristische Medien, 2016.

GONÇALVES C. R., *Direito Civil Brasileiro*, Parte Geral, São Paulo, Saraiva, 2017, E-book.

HOLTZMANN M. *et al.*, *A Guide to the 2006 Amendments to the UNCITRAL Model Law on International Commercial Arbitration: Legislative History and Commentary*, La Haye, Kluwer Law International, 2015.

JARVIN S. & DERAIN Y. (éd.), *Collection of ICC Arbitral Awards 1974-1985*, 1990.

JUNIOR H., *Curso de Direito Processual Civil*, 50e éd., v. II, Rio de Janeiro, Editora Forense, 2015.

KAUFMANN-KOHLER G. et STUCKI B. (éd.), *International Arbitration in Switzerland – A Handbook for Practitioners*, La Haye, Kluwer Law International, 2004.

LALIVE P., POUDRET J.-F. et REYMOND G., *Le Droit de l'arbitrage interne et international suisse*, Lausanne, Payot, 1989.

LAW T., *O Reconhecimento e a Execução De Sentenças Arbitrais Estrangeiras no Brasil*, São Paulo, Livrus, 2016.

LEW D. *et al.*, *Comparative International Commercial Arbitration*, La Haye, Kluwer Law International, 2003.

MADSEN F., *Commercial Arbitration in Sweden*, 3e éd., New York, Oxford University Press, 2007.

MARTINS P., *Apontamentos sobre a Lei de Arbitragem*, Rio de Janeiro, Forense, 2008.

MERLAND L., *Recherches sur le provisoire en droit privé*, Aix-en-Provence, Presses universitaires d'Aix-Marseille, 2001.

MUNIZ J., *Curso Básico de Direito Arbitral: Teoria e Prática*, 3e éd., Curitiba, Juruá, 2015.

MUNIZ J. et PALHARES A., *Arbitration Law of Brazil: Practice and Procedure*, New York, Juris, 2016.

OLIVEIRA A., *Perfil dogmático da tutela de urgência*, Rio de Janeiro, Forense, 1998.

POUDRET J. et BESSON S. (éd.), *Comparative Law of International Arbitration*, Londres, Sweet & Maxwell, 2007.

RACINE J.-B., *Droit de l'arbitrage*, Paris, Presses universitaires de France, 2016.

RATTEB M., KAMEL M. et RATTEB M. F., *La Juridiction des référés*, 7e éd., Beyrouth, Monde des livres, 1985.

REDFERN A. et HUNTER M., *Law and Practice of International Commercial Arbitration*, Londres, Sweet & Maxwell, 2004.

REDFERN A. et HUNTER H., *Redfern and Hunter on International Arbitration*, 6e éd., Oxford, OUP Oxford, 2015.

RESPONDEK A. (éd.), *Asia Arbitration Guide*, Singapore, Respondek & Fan Pte Ltd, 2017.

SACRAMONE M., *Comentários à Lei de Recuperação de Empresas e Falência,* 2e éd., São Paulo, Saraiva, 2021.

SERAGLINI C. et ORTSCHEIDT J., *Droit de l'arbitrage interne et international*, Paris, Montchrestien, 2013.

VALENÇA C., *Poder judiciário e sentença arbitral*, Curitiba, Juruá Editora, 2002.

VERBIST H. *et al.*, *ICC Arbitration in Practice*, Kluwer Law International, 2015.

YESILIRMAK A., *Provisional Measures in International Commercial Arbitration*, vol. 12, La Haye, Kluwer Law International, 2005.

WEIGAND F.-B. (éd.), *Practitioner's Handbook on International Arbitration*, 2e éd., Oxford, Oxford University Press, 2009.

II. Ouvrages spéciaux, monographie, thèses

BESSON S., *Arbitrage international et mesures provisoires : étude de droit comparé*, thèse de doctorat sous la direction du professeur Jean-François Poudret, Faculté de droit de l'Université de Lausanne, 1998.

CHEKROUN D., *L'Imperium de l'arbitre*, thèse de doctorat sous la direction du professeur Emmanuel Jeuland, Université de Paris I, Panthéon-Sorbonne, 2008.

NUNES T., *Análise dos efeitos da prescrição extintiva na arbitragem nacional e internacional, à luz do direito brasileir*, Dissertation de doctorat, Université de São Paulo, Faculté de droit, São Paulo, 2011, p. 55.

VÉRAS F., *Arbitragem e corrupção: um estudo sobre a perspectiva do direito brasileiro. Dissertation de Mastère*, Université fédérale de Minas Gerais, Faculté de droit, Belo Horizonte, 2020, p. 40.

III. Articles, communication, chapitres d'ouvrages collectifs, blogs

BEND B. et VERMEULEN S., « The Netherlands » *in The European, Middle Eastern and African Arbitration Review*, GAR, 2015, p. 6-11.

BENTO L. et PENG m., « Interim Measures: Arbitral Tribunals and Courts », in L. SHORE *et al.* (éd.), *International Arbitration in the United States*, La Haye, Kluwer Law International, 2017, p. 239 -274.

BENTON G. et KOCK R., « The Android Wars: International Technology Arbitration in an Alternative Universe A case study of Apple v. Sansung », in A. ROVINE (éd.), *Contemporary Issues in International Arbitration and Mediation: The Fordham Papers*, La Haye, Brill Nijhoff, 2013, p. 337-379.

BERMANN G., « Recognition and Enforcement of Foreign Arbitral Awards: The Interpretation and

Application of the New York Convention by National Courts », in G. BERMANN, *Recognition and Enforcement of Foreign Arbitral Awards: The Interpretation and Application of the New York Convention by National Courts*, Cham, Springer, 2017, p. 281-316.

BERNARDINI P., « Les pouvoirs de l'arbitre », in I. SHIHATA et R. COULSON (dir.), *Mesures conservatoires et provisoires en matière d'arbitrage international*, Bull. CIA de la CCI, 1992, p. 22-30.

BOLARD G., « Les mesures provisoires unilatérales ou ordonnances préliminaires dans le projet CNUDCI », in J.-M. JACQUET et E. JOLIVET (éd.), *Les Mesures provisoires dans l'arbitrage commercial international : évolutions et innovations*, Paris, Lexis Nexis, 2007, p. 105-112.

BONATO G., « Panorama da arbitragem na França e na Itália. Perspectiva de direito comparado com o sistema brasileiro », *Revista Brasileira de Arbitragem*, volume 11, n° 43, 2014, pp. 28/29.

BOND S. R., « La nature des mesures conservatoires et provisoires », in I. SHIHATA et R. COULSON (dir.), *Mesures conservatoires et provisoires en matière d'arbitrage international*, Paris, Bull. de la Cour internationale d'arbitrage, ICC, 1992, p. 8-21.

BOULARBAH H., « Les mesures provisoires en droit commercial international : développements récents au regard des Conventions de Bruxelles et de Lugano », *Revue de droit commercial belge* 1999, p. 604-610.

BRANSON C., « Interim measures of protection in a changing international commercial arbitration world », *Croat. Arbit. Yearb.* 2002, p. 9 et s..

BRANSON C., « The Enforcement of Interim Measures of Protection Awards », in A. BERG (éd.), *International Commercial Arbitration: Important Contemporary Questions*, ICCA Congress Series, vol. 11, 2003, p. 163-178.

BROTÓNS A., « La reconnaissance et l'exécution des sentences arbitrales étrangères », *Recueil des cours*, Académie de droit international de La Haye, 1984, vol. 184, pp. 169-194.

CASELLA A., « Arbitration in International Trade », *European Economic Review* 1992, 721, p. 1-43.

CHEKROUN D., « L'imperium de l'arbitre », in R. SÈVE, *L'Arbitrage : Archives de philosophie du droit*, Paris, Dalloz, 2009, p. 136-180.

CHENG, T. « Hong Kong », in L. NEWMA et C. ONG (éd.), *Interim Measures in International Arbitration*, Huntington, Juris, 2014, p. 343-382.

CLAY T., « Les mesures provisoires demandées à l'arbitre », in M. JACQUET et E. JOLIVET (éd.), *Les Mesures provisoires dans l'arbitrage commercial international : évolutions et innovations*, Paris, Lexis Nexis, 2007, p. 9-25.

COELHO FRAGA DE OLIVEIRA A. F. & GOMES DE MOURA C., « A Aplicação da Carta Arbitral para Execução Direta de Tutela de Urgência Estrangeira no

Foro de Efetivação da Medida », *Revista Brasileira de Arbitragem*, Kluwer Law International, n° 73, vol. 19, janvier-mars 2022, pp. 34-73.

DELAPORTE V., « Les mesures provisoires et conservatoires en droit international privé », in *Droit international privé : travaux du Comité français de droit international privé*, 8e édition, Paris, Éditions Pedone, 1989, p. 147.

DIAS A., « Os sistemas monista e dualista na arbitragem comercial », *Revista Brasileira de Arbitragem* 2016, Kluwer Law International, vol. XIII, p. 92-111.

FICHTNER J. A., MANNHEIMER S., MONTEIRO A., « Âmbito de aplicação da Convenção de Nova York às convenções de arbitragem: necessária adoção do critério da internacionalidade », *Revista de Arbitragem e Mediação*, volume 63, 2019, p. 13.

FINKELSTEIN C., « A Carta arbitral na nova alteração à Lei de Arbitragem e no novo Código de Processo Civil », in A. NASCIMBENI, J. MUNIZ, R. RANZOLIN, Ricardo Borges (coord.). *20 anos da Lei Brasileira de Arbitragem*, Brasília, CFOAB, 2015, pp. 109/110.

FINKELSTEIN C., NASCIMBENI A., « Carta arbitral: possíveis situações de não cooperação do juízo estatal », *Revista de Arbitragem e Mediação*, volume 54, 2017, pp. 125/150.

FONSECA R., « Como cumprir no Brasil a Decisão Arbitral Estrangeira em Medida de Urgência? Ação de Homologação, Carta Rogatória ou Carta Arbitral? », in LEMES S., LOPES C. (coord.), *Arbitragem comercial internacional e os 60 anos da Convenção de Nova Iorque*, São Paulo, Quartier Latin, 2019, p. 296-297.

FONSECA R., « Reflexões sobre a sentença arbitral », *Revista de Arbitragem e Mediação* 2005, São Paulo, n° 6, p. 40 et s.

FORBES C. et KOBAYASHI P., « Carta Arbitral: Instrumento de cooperação jurisdicional », in C. CARMONA, P. MARTINS et S. LEMES (coord.), *20 anos da lei de arbitragem: homenagem a Petrônio R. Muniz*, São Paulo, Atlas, 2017, p. 521-535.

GELDER M., « Maritime Arbitration: Quo Vadis? Have Delays and Costs Caused us to Lose the Way? », *Journ. int. arb.* 1995, vol. 12, p. 79-86.

GRION S. R., « Árbitro de Emergência – Perspectiva brasileira à luz da experiência internacional », in ALBERTO C. C., FERREIRA L. S., BATISTA M. P., *20 Anos da Lei de Arbitragem – Homenagem a Petrônio R. Muniz*, São Paulo, Grupo GEN, 2017, p. 419.

HARBST R., PLASSMEIER H. et MARK J., « Germany », in BAKER & MCKENZIE, *Baker & McKenzie International Arbitration Yearbook: 2012-2013*, Harmington, Juris, 2013, p. 167-200.

HORY A., « Mesures d'instruction In Futurum et arbitrage », *Revue de l'arbitrage* 1996, p. 191-222.

HUARTE S., « The effective adoption of interim relief », *Spain Arbitration Review | Revista del Club Español del Arbitraje* 2010, La Haye, Wolters Kluwer España, vol. 2010, p. 77-92.

HULBERT R., « Une vue américaine », in Ibrahim SHIHATA et Robert COULSON (dir.), *Mesures conservatoires et provisoires en matière d'arbitrage international*, Paris, Bull. de la Cour internationale d'arbitrage, ICC, 1992, p. 93-105.

JARAMILLO E., « Post-award Advocacy: The relationship between Interim and Final Award », in A. J. VAN DEN BERG (éd.), *Arbitration Advocacy in Changing Times*, ICCA Congress Series, n° 15, La Haye, Kluwer Law International, 2001, p. 272 et s.

JOLIVET E., « L'expérience de la chambre de commerce internationale », in M. JACQUET et E. JOLIVET (éd.), *Les Mesures provisoires dans l'arbitrage commercial international : évolutions et innovations*, Paris Lexis, Nexis, 2007, p. 9-25.

KAPLAN N. et MORGAN, R. « National report for Hong Kong », in J. PAULSSON, Jan (éd.), *International handbook on commercial arbitration*, La Haye, Kluwer Law International, 1999, p. 1 et s.

KARRER P. A., « Interim Measures Issued by Arbitral Tribunals and the Courts: Less Theory, Please », in A. BERG (éd.), *International Arbitration and National Courts: The Never Ending Story*, ICCA Congress Series, vol. 10, La Haye, Kluwer Law International, 2001, p. 97-110.

KAUFMANN-KOHLER G., « Mesures ex parte et injonctions préliminaires », in J.-M. JACQUET et E. JOLIVET (éd.), *Les Mesures provisoires dans l'arbitrage commercial international : évolutions et innovations*, Paris, Lexis Nexis, 2007, p. 91-104.

KESSEDJIAN C., « Définitions et conditions de l'octroi de mesures provisoires », in M. JACQUET et E. JOLIVET (éd.), *Les Mesures provisoires dans l'arbitrage commercial international : évolutions et innovations*, Lexis Nexis, Paris, 2007, p. 73-90.

KNOEPFLER F., « Les mesures provisoires peuvent-elles être rendues sous forme de sentence arbitrale ? », in P.-H. BOLLE (éd.), *Mélange en l'honneur de Henri-Robert Schupbach*, Zurich, Helbing & Lichtenhahn, 2000, p. 278 et s.

KOJOVIC T., « Court Enforcement of Arbitral Decisions on Provisional Relief – How Final is Provisional? », *Journ. int. arb.* 2001, La Haye, Kluwer Law International, v. 18, n° 5, p. 511-532.

KREINDLER R. et KOPP T., « Germany », in L. NEWMA et C. ONG (éd.), *Interim Measures in International Arbitration*, Huntington, Juris, 2014, p. 321-342.

KULKOV M., « Can interim measures be obtained in Russia in support of commercial arbitration conducted outside of Russia », in Association for International Arbitration (éd.). *Interim measures in international commercial arbitration*, Antwerp, Maklu, 2007, p. 95 et s.

LACABARATS A., « Les mesures provisoires demandées au juge français en matière d'arbitrage international », in J.-M. JACQUET et E. JOLIVET (éd.), *Les Mesures provisoires dans l'arbitrage commercial international : évolutions et innovations*, Paris, Lexis Nexis, 2007, p. 3-8.

LAW T., « *O Reconhecimento e a Execução De Sentenças Arbitrais Estrangeiras no Brasil* », São Paulo, Livrus, 2016, p. 71.

LEVAL G., « Le juge et l'arbitre : les mesures provisoires », in J. COMPERNOLLE et G. TARZIA (coord.), *Les Mesures provisoires en droit belge, français et italien*, Bruxelles, Bruylant, 1998, p. 423 et s.

LEW J., « Achieving the dream: autonomous arbitration », *Arbitration International* 2007, v. 2, Oxford, Oxford University Press, p. 182 et s.

LEW J., « Commentary on Interim and Conservatory Measures », in *ICC Arbitration Cases*, Paris, Bull. CIA de la CCI, 2000, p. 23 et s.

LIU, G. « UNCITRAL Model Law v. Chinese Law and practice: a discussion on interim measures of protection », in A. BERG (éd.), *New Horizons in International Commercial Arbitration and Beyond*, ICCA Congress Series, n° 12, La Haye, Kluwer Law International, 2005, p. 289 et s.

LOQUIN E., « L'arbitre d'urgence, un objet juridique non identifié », *Rev. int. dr. proc.* 2012, p. 261 et s.

LOQUIN E., « Rapport de synthèse », in M. JACQUET et E. JOLIVET (éd.), *Les Mesures provisoires dans l'arbitrage commercial international : évolutions et innovations*, Paris, Lexis Nexis, 2007, p. 137-144.

LYE K., YEO C. et CHOO Z., « INTERIM MEASURES IN AID OF FOREIGN ARBITRATIONS:

Time for the Deus Ex Machina? », *Singapore Academy of Law Journal* 2009, vol. 21, p. 429-456.

MACHADO M., « Cooperação Penal Internacional no Brasil: as cartas rogatórias passiva », *Revista Brasileira de Ciências Criminais* 2005, Revista dos Tribunais, n° 53, p. 98-118.

MARTINS P., « Da ausência de poderes coercitivos e cautelares do árbitro », in S. LEMES *et al.*, *Aspectos fundamentais da Lei de Arbitragem*, Rio de Janeiro, Forense, 1999, p. 365 et s.

MAYER P., « Imperium de l'arbitre et mesures provisoires », in J. HALDY, J.-M. RAPP et P. FERRARI (éd.), *Études de procédures et de l'arbitrage en l'honneur de Jean-François Poudret*, Lausanne, Faculté de droit de l'Université de Lausanne, 1999, p. 442 et s.

MOREK R., « Interim Measures in Arbitration Law and Practice in Central and Eastern Europe: The need for further harmonization », *in* Association for International Arbitration (éd.), *Interim Measures in International Commercial Arbitration*, Antwerpen, Maklu, 2007, p. 75-94.

MUNIZ J. et MARÇAL J., « A Carta Arbitral », in A. WEBER *et al.*, *A reforma da arbitragem*, Forense, Rio de Janeiro, 2016, p. 311-324, spéc. p. 317.

ORTSCHEIDT J., « L'octroi et l'arrêt de l'exécution provisoire des sentences arbitrales en France », *Revue de l'arbitrage* 2004, p. 9-46.

PLUYETTE G., « Une vue française », in Ibrahim SHIHATA et Robert COULSON (dir.), *Mesures conservatoires et provisoires en matière d'arbitrage international*, Paris, Bull. de la Cour internationale d'arbitrage, ICC, 1992, p. 74-92.

POTSCH B., « O reconhecimento e a execução por carta rogatória da decisão cautelar arbitral estrangeira no Brasil », *Revista Brasileira de Arbitragem* 2016, vol. XIII, p. 22-38.

QUEIROGA D., « A Insolvência Transnacional e o Desafio da Aplicaçaõ da Lei Modelo UNCITRAL no Brasil », in N. CHAVES, M. FÉRES, E. PIMENTA (coord.), *15 Anos da Lei de Recuperação e Falência de Empresas: Estudos Jurídicos de Acordo com a Lei nº 14.112/2020*, Belo Horizonte, Expert, 2021, pp. 412/437, p. 426.

RACINE J.-B., « L'exécution des mesures provisoires ordonnées par un arbitre. L'éclairage du projet de nouvelle Loi type de la CNUDCI », in J.-M. JACQUET et E. JOLIVET (éd.), *Les Mesures provisoires dans l'arbitrage commercial international : évolutions et innovations*, Paris, Lexis Nexis, 2007, p. 113-134.

RAU A., « Provisional Relief in Arbitration: How Things Stand in the United States », *Journal of International Arbitration* 2005, Kluwer Law International, vol. 22, p. 1-64.

SANDROCK O., « The Choice Between Forum Selection, Mediation, and Arbitration Clauses: European Perspectives », *Am. Rev. Int'l Arb.* 2009, vol. 151, p. 8-37.

SCHAEFER J., « New Solutions for Interim Measures of Protection in International Commercial Arbitration: English, German and Hong Kong Law Compared », *Electronic Journal of Comparative Law* 1998, vol. 2.2, p. 1-40.

SCHÄFER J., « Part II: Commentary on the German Arbitration Law », in P. NACIMIENTO *et al.* (éd.), *Arbitration in Germany: The Model Law in Practice*, Kluwer Law International, 2015, p. 232 et s.

SEGESSER G. et BOOG C., « Interim measures », in GEISINGER et N. VOSER (éd.), *International Arbitration in Switzerland A Handbook for Practitioners*, Alphen aan den Rijn, Kluwer Law International, 2013, p. 107-129.

SHAUGHNESSY P., « Chapter 5 Interim Measures », in U. FRANKE *et al.* (éds.), *International Arbitration in Sweden: A Practitioner's Guide*, La Haye, Kluwer Law International, 2013, p. 95-114.

SPELLER D. et NUNES C., « Lessons from Brazil: Innovation in the Enforcement of Arbitral Interim Measures », *YAR* 2018, v. 28, p. 27 et s.

STRONG S., « Realizing Rationality: An Empirical Assessment of International Commercial Mediation », *Wash. & Lee L. Rev.* 2016, vol. 73, p. 1976-2085.

TERCIER P., « L'expérience de la Chambre de commerce internationale », in M. JACQUET et E. JOLIVET (éd.), *Les Mesures provisoires dans l'arbitrage commercial international : évolutions et innovations*, Paris, Lexis Nexis, Paris, 2007, p. 42-72.

THEUNE U., « DSI Rules », in R. SCHUTZE (éd.), *Institutional Arbitration: A Commentary*, Muniche, Verlag C.H. Beck, 2013, p. 203-303.

TIBURCIO C., « As cartas rogatórias executórias no direito brasileiro no âmbito do Mercosul: jurisprudência recente », in Carmen TIBURCIO, *Temas de direito internacional*, Rio de Janeiro, Renovar, 2006, p. 189-190.

TRAIN F.-X., « Interprétation et application de la Convention de New York en France », in G. BERMANN, *Recognition and Enforcement of Foreign Arbitral Awards: The Interpretation and Application of the New York Convention by National Courts*, Cham, Springer, 2017, p. 281-316.

UZELAC A. et NAGY T., « Croatia », in C. LIEBSCHER et A. FREMUTH-WOLF, *Arbitration Law and Practice in Central and Eastern Europe*, New York, Huntington, 2006, p. CRO-54 et s.

VEEDER V., « The Need for Cross-border Enforcement of Interim Measures Ordered by a State Court In Support of the International Arbitral Process », in A. BERG, (éd.), *New Horizons in International Commercial Arbitration and Beyond*, La Haye, Kluwer Law International, 2005, p. 242-271.

VENOSA B., « A interação entre o direito aplicável ao procedimento arbitral e as tutelas arbitrais de urgência estrangeiras », in *Revista Brasileira de Arbitragem*, Kluwer Law International 2020, vol. XVII, Issue 66, p. 25.

WANG W., « International Arbitration: The Need for Uniform Interim Measures of Relief », *Brook. J. Int'l L* 2002, p. 1059-1099.

WATT-MUIR H., « Au pays des merveilles : le contentieux du provisoire dans l'ordre international », *Revue Justices* 1997, vol. 8, p. 175 et s.

WIRTH M., « Interim or Preventive Measures in Support of International Arbitration », in *ASA Bulletin* 2000, Kluwer Law International, vol. 18, n° 1, p. 31-45.

ZAKIA J., « Um panorama geral da reforma da Lei de Arbitragem: o que mudou com a Lei Ordinária nº 13.129/2015 », *Revista Brasileira de Arbitragem* 2016, Kluwer Law International, 2016, vol. XIII, p. 39-65.

ZAMORA J., « The Art of Interim Measures », in A. BERG (éd.), *International Arbitration 2006: Back to Basics?*, ICCA Congress Series, vol. 13, La Haye, Kluwer Law International, 2007, p. 751-767.

IV. Entrées d'encyclopédies et de dictionnaires

FRANCESCAKIS Ph., *V°* « Conflit de lois », in *Répertoire de droit international,* 1re éd., Dalloz.

V. Études, rapports, avis, séminaires

CCI, « Final report on Interim and Partial Award », *ICC Bull.* 1990, p. 26 (http://library.iccwbo.org/content/dr/COMMISSION_REPORTS/CR_0001.htm?l1=bulletins&l2=#TOC_BKL1_3, consulté le 6 mai 2018).

Commission des Nations unies pour le droit commercial international, *Travaux futurs envisageables : mesures provisoires et conservatoires ordonnées par les juridictions étatiques pour appuyer l'arbitrage, portée des mesures provisoires ou conservatoires pouvant être ordonnées par les tribunaux arbitraux, validité de la convention d'arbitrage*, A/CN.9/WG.II/WP.111, Vienne, Nations unies, 2000, p. 1-11 (Collection des rapports officiels), Document soumis au Groupe de travail sur l'arbitrage à sa trente-troisième session, rapport du secrétaire général, février 2018 (https://documents-dds-ny.un.org/doc/UNDOC/LTD/V00/580/11/PDF/V0058011.pdf?OpenElement).

Commission des Nations unies pour le droit commercial international, *Élaboration de dispositions uniformes sur les mesures provisoires ou conservatoires*, A/CN.9/WG.II/WP.119, New York, Nations unies, 2002, p. 1-34 (Collection des rapports officiels), Note du secrétariat, février 2018 (https://documents-dds-ny.un.org/doc/UNDOC/LTD/V02/509/54/PDF/V0250954.pdf?OpenElement).

Commission des Nations unies pour le droit commercial international, *Arbitrage : Mesures provisoires ou conservatoires, Proposition des États-Unis d'Amérique*, A/CN.9/WG.II/WP.121, Vienne, Nations unies, 2002, p. 1-3 (Collection des rapports officiels), Note du secrétariat, février 2018 (https://documents-dds-ny.un.org/doc/UNDOC/LTD/V02/580/14/PDF/V0258014.pdf?OpenElement).

Commission des Nations unies pour le droit commercial international, *Règlement des litiges commerciaux Mesures provisoires ou conservatoires,*

*Proposition de la Chambre de commerce internationale*, A/CN.9/WG.II/WP.129, New York, Nations unies, 2004, p. 1-6 (Collection des rapports officiels), Note du secrétariat, février 2018 (https://documents-dds-ny.un.org/doc/UNDOC/LTD/V04/506/72/PDF/V0450672.pdf?OpenElement).

Commission des Nations unies pour le droit commercial international, *Règlement des litiges commerciaux, Mesures provisoires ou conservatoires*, A/CN.9/WG.II/WP.128, New York, Nations unies, 2004, p. 1-13 (Collection des rapports officiels), Note du secrétariat, février 2018 (https://documents-dds-ny.un.org/doc/UNDOC/LTD/V04/505/96/PDF/V0450596.pdf?OpenElement).

Commission des Nations unies pour le droit commercial international, *Règlement des litiges commerciaux, Mesures provisoires ou conservatoires*, A/CN.9/WG.II/WP.131, Vienne, Nations unies, 2004, p. 1-19 (Collection des rapports officiels), Note du secrétariat, février 2018 (https://documents-dds-ny.un.org/doc/UNDOC/LTD/V04/566/08/PDF/V0456608.pdf?OpenElement).

Commission des Nations unies pour le droit commercial international, *Règlement des litiges commerciaux, Mesures provisoires ou conservatoires*, A/CN.9/WG.II/WP.134, New York, Nations unies, 2005, p. 1-6 (Collection des rapports officiels), Note du secrétariat, février 2018 (https://documents-dds-ny.un.org/doc/UNDOC/LTD/V04/591/71/PDF/V0459171.pdf?OpenElement).

Commission des Nations unies pour le droit commercial international, *Règlement des litiges commerciaux, Mesures provisoires ou conservatoires*, A/CN.9/WG.II/WP.138, Vienne, Nations unies, 2005, p. 1-20 (Collection des rapports officiels), Note du secrétariat, février 2018 (https://documents-dds-ny.un.org/doc/UNDOC/LTD/V05/871/24/PDF/V0587124.pdf?OpenElement).

FESSAS A. G. et MOREL M., *ICC International Centre for ADR defining awards: types of awards: Seminaire Arbitration Academy*, Paris, 20 July 2017.

INTERNATIONAL LAW ASSOCIATION (ILA), *Interim Report: « Res Judicata » and Arbitration*, Berlin Conference, Berlin, 2004.

LCIA, *LCIA Releases Costs and Duration Data*, 2017 (http://www.lcia.org/News/lcia-releases-updated-costs-and-duration-analysis.aspx consulté le 4 février 2018).

MOSCHEN V., COSTA P., *A Cooperação Jurídica Internacional no CPC/2015 e a Harmonização do Direito Internacional Privado*, Apresentado no Anais do II Congresso de Processo Civil Internacional, Vitória, 2017 (file:///C:/Users/cgmoura/Downloads/19866-Texto%20do%20artigo-56751-1-10-20180510.pdf, consulté le 12 février 2021).

QUEEN MARY UNIVERSITÉ DE LONDRES, *Current and Preferred Practices in the Arbitral Process*, 2012, p. 2 (http://www.arbitration.qmul.ac.uk/media/arbitration/docs/2012_International_Arbitration_Survey.pdf, consulté le 19 mai 2018).

SIAC, *SIAC Releases Costs and Duration Study*, 2016 (http://www.siac.org.sg/images/stories/press_release/SIAC%20Releases%20Costs%20and%20Duration%20Study_10%20Oct%202016.pdf, consulté le 4 février 2018).

VI. Articles de presse

ABBUD A. & OLIVEIRA A., « A execução de tutelas de urgência estrangeiras no Brasil », Conjur, septembre 2021 (https://www.conjur.com.br/2021-set-06/opiniao-execucao-tutelas-urgencia-estrangeiras-brasil, consulté le 30 septembre 2021).

ARAUJO N., GAMA L. JR, *Sentenças estrangeiras e cartas rogatórias: novas perspectivas da cooperação internacional*, février 2018 (https://fichasmarra.wordpress.com/2011/01/29/sentencas-estrangeiras-e- cartasrogatorias-novas-perspec…, consulté le 12 mars 2018).

BORGES C., *State Court Assistance Moving Forward in Portugal*, Kluwer Arbitration Blog, 2013, (http://arbitrationblog.kluwerarbitration.com/2013/03/01/state-court-assistance-moving-forward-in-port ugal/, consulté le 19 mars 2018).

CBAR, *Carta Arbitral*, CBAR, 2017 (http://cbar.org.br/site/carta-arbitral/, consulté le 13 juin 2018).

FAISAL D., *Modernisation Of Arbitration Process Has Been Limited For The Scope Of The Arbitration Act 2001*, Laywe Monthly, 2017 (https://www.lawyer-monthly.com/2017/11/modernisation-of-arbitration-process-has-been-limited-for-the-scope-of-the-arbitration-act-2001/#_ftn9, consulté le 14 mars 2018).

FREIRE J., *Carta Arbitral é importante para efetividade do sistema*, Consultor Jurídico, 2015, (htttp://www.conjur.com.br/2015-jul-02/jose-nantala-carta-arbitral-importante-efetividade-sistema#author, consulté le 18 juin 2018).

LEES A. et MORGAN S., *Hong Kong, Global Arbitration Review*, 2016 (https://globalarbitrationreview.com/jurisdiction/1003158/hong-kong, consulté le 21 mars 2018).

LEMES S. & COELHO FRAGA DE OLIVEIRA A., « Carta arbitral para execução de tutelas de urgência estrangeiras », *Conjur*, jun. 2022 (https://www.conjur.com.br/2022-jun-12/opiniao-carta-arbitral-execucao-tutelas-proferidas-exterior, consulté le 11 juillet 2022).

MARTINS P., *Observações sobre o texto do Acordo sobre Arbitragem Comercial Internacional do Mercosul* (http://batistamartins.com/, consulté le 11 février 2018).

PEREIRA C., *A Interação entre a Convenção de Nova Iorque (CNI) e o Direito Interno Brasileiro: Roteiro para a Compreensão do Tema no Âmbito da Homologação de Sentenças Arbitrais Estrangeiras* (https://www.justen.com.br/pdfs/IE69/IE69_not_cesar.pdf, consulté le 22 septembre 2021).

RODRIGUES V. A. *et al.*, *Enforcement of arbitral awards in United States: overview*, Thomson Reuters Practical Law, 2015 (https://uk.practicallaw.thomsonreuters.com/4-619-6131?transitionType=Default&contextData=(sc.Default)&firstPage=true&bhcp=1, consulté le 16 mai 2018).

THE IN-HOUSE LAWYER, *What interim measures are available? Will local courts issue interim measures pending the constitution of the tribunal?*, The In-House Lawyer, 2018.

VERAS F., *Cooperação entre jurisdições estatal e arbitral é fundamental para celeridade*, Conjur, 2016 (https://www.conjur.com.br/2016-jul-17/felipe-veras-cooperacao-entre-jurisdicoes-estatal-arbitral-necessidade-cumprimento-satisfatorio-decisoes, consulté le 13 juin 2018).

VII. Jurisprudence et commentaire

A. Jurisprudence européenne

**Jurisprudence de la Cour de justice de la Communauté européenne :**

CJCE 17 novembre 1998, Van Uden Maritime BV Deco-Line, *Rev. arb.* 1999, p. 152, note H. GAUDEMET –TALLON.

B. Jurisprudence française

**Jurisprudence de la Cour de cassation :**

Cass. civ. 6 décembre 2001, *Petit Perrin c. Dor-De-Saint-Pulgent*.

Cass. civ. 12 octobre 2011, *Rev. arb.* 2012, p. 88, note F.-X. TRAIN.

**Jurisprudence de la Cour d'appel :**

Cour d'appel de Paris, 1re Chambre C, 25 mars 1994, *Rev. arb*. 1994, p. 391, note Ch. JARROSSON.

Cour d'appel, 1er juillet 1999, *Brasoil v. GMRA*, *Rev. arb*., 1999, p. 841-852, spéc. p. 848, note C. JARROSSON.

V. Cour d'appel de Paris, 7 oct. 2004, *SA. Otor Participations c. Sarl Carlyle Holdings*, *Rev. arb*. 2005, p. 73, note E. JEULAND.

Cour d'appel de Paris, 16e Chambre C, 9 mars 2021.

**Jurisprudence de la Cour de cassation :**

Cass. civ. 2e, 6 décembre 2001, *Rev. arb*. 2002, p. 697, note J. ORTSCHEIDT.

Cass. civ. 1re, 12 octobre 2011, n° 09-72439, *Sté Groupe Antoine Tabet c/République du Congo, Rev. CEFAREA* 2011, n° 16, p. 22, note J. BARBET.

C. Jurisprudence brésilienne

**Jurisprudence de la Cour suprême brésilienne :**

STF, Cour suprême brésilienne, 25 juillet 1980, Decisão Monocrática, Ministre António Neder, *Carta Rogatória, n° 3.237/AT.*

STF, Cour suprême brésilienne, 9 mai 1970, Decisão Monocrática, Ministre Sepúlveda Pertence, Tribunal Pleno, *Carta Rogatória n° 7613/AT.*

STF, Cour suprême brésilienne, 11 juillet 1997, Decisão Monocrática, Ministre Celso de Mello, *Carta Rogatória n° 7.899/AT. J.*

STF, Cour suprême brésilienne, 4 mai 1998, Decisão Monocrática, Ministre Celso de Mello, *Carta Rogatória n° 8.279/AT. J.*

STF, Cour supérieure brésilienne, 4 avril 1998, Decisão Monocrática, Ministre président, *Carta Rogatória n° 8425/AT.*

STF, Cour suprême brésilienne, 4 octobre 1998, Decisão Monocrática, Ministre Celso de Mello, *Carta Rogatória n° 8.425/AT. J.*

STF, Cour suprême brésilienne, 22 février 2000, Decisão Monocrática, Ministre Carlos Velloso, *Carta Rogatória n° 8.971/ME. J.*

STF, Cour suprême brésilienne, 12 août 2002, Decisão Monocrática, Ministre Marco Aurélio, *Carta Rogatória n° 10.177/PT. J.*

STF, Cour suprême brésilienne, 28 novembre 2003, Decisão Monocrática, Ministre Maurício Corrêa, *Carta Rogatória n° 11.005/PT. J.*

STF, Cour suprême brésilienne, 4 juin 2010, Decisão Monocrática, Ministre Marco Aurélio, *Habeas Corpus 91002RJ.*

**Jurisprudence de la Cour supérieure de justice :**

STJ, Cour supérieure brésilienne, 28 octobre 2005, Decisão Monocrática, Ministre Edson Vidigal, *Carta Rogatória n° 215/EX. J.*

STJ, Cour supérieure brésilienne, 16 octobre 2006, Despacho, Ministro Barros Monteiro, *Carta Rogatória n° 2.002/MX.*

STJ, Cour supérieure brésilienne, 15 août 2007, Corte Especial, *Carta Rogatória n° 438/BE. J.*

STJ, Cour supérieure brésilienne, 15 avril 2011, Decisão Monocrática, Ministre Ari Pargendler, *Carta Rogatória n° 5.384/AR. J.*

STJ, Cour supérieure brésilienne, 3 mars 2011, Decisão Monocrática, Ministre Ari Pargendler, *Carta Rogatória n° 5.424/AR. J.*

STJ, Cour supérieure brésilienne, 12 juin 2012, Ministre Nancy Andrighi, Terceira Turma, *REsp 1297974/RJ.*

STJ, Cour supérieure brésilienne, 18 février 2013, Decisão Monocrática, Ministre Felix Fischer, *Carta Rogatória n° 7.246/CH. J.*

STJ, Cour supérieure brésilienne, 20 octobre 2014, Decisão Monocrática, Ministre Francisco Falcão, *Carta Rogatória n° 9.397/AR. J.*

STJ, Cour supérieure brésilienne, 19 avril 2017, Ministre Félix Fischer, *SEC n° 9.412.*

STJ, Cour supérieure brésilienne, 3 décembre 2019, Decisão Monocrática, Ministre João Otávio de Noronha, *HDE nº 3.671*, Ministre João Otávio de Noronha.

**Jurisprudence du Tribunal de justice de Minas Gerais :**

Tribunal de justice de Minas Gerais, 13 septembre 2003, Rapporteur Des. Alvimar de Ávila, *AI. 2000000410533-5/000.*

**Jurisprudence du Tribunal de justice de Rio de Janeiro:**

TJRJ, 3e Chambre commerciale, Juge Diogo Barros Boechat, 5 juillet 2021, *Action d'anticipation de mesure provisoire n° 0129945-03.2021.8.19.0001.*

D. Jurisprudence australienne

**Jurisprudence de la Cour suprême :**

Cour suprême de Queensland, 29 octobre 1993, *Resort Condominiums*, YCA 1995, p. 628.

E. Jurisprudence américaine

**Jurisprudence de la Cour suprême :**

Cour suprême américaine, 5 décembre 1955, 350 U.S. 198, 204 n.4 (u.s s.ct. 1956), *Bernhardtv v. Polygraphic Co. Of Am.*

**Jurisprudence de la Cour d'appel des États-Unis :**

Cour américaine d'appel du 6e district, 20 janvier 1984, 729, F.2d 1046, 1049 (6th Cir. 1984), *Island Creek Coal Sales v. City of Gainesville*.

Cour d'appel du 5e district, le 5 juin 1991, 935 F.2d 1019 (9th Cir. 1991), *Pacific Reinsurance Management Corporation v. Ohio Reinsurance Corporation.*

Cour d'appel du 7e district, 15 décembre 1996, 206, F.3d 725 (7th Cir. 2000), *Publicis Comm v. True North Comm., Inc.*

Cour d'appel du district de Columbia, 24 septembre 2002, App'x, 582 (D.C. Cir 2002), *Ace/Cleardefense, Inc. v. Clear Defense Inc.*

Cour d'appel américaine du deuxième district, 5 septembre 2006, 462 F. 3d 793 (12th Cir. 2004), *D.H. Blair & Co. V. Gottdiener.*

Cour d'appel du 4e district, 3 février 2006, Fed.Appx, 29, 41 (4th Cir. 2006), *Arrowhead Global Solutions, Inc v. Datapath.*

Cour américaine du district ouest de Washington, 22 juillet 2021, WL 4295845, *T-Mobile USA Inc. V. Verity Wireless.*

**Jurisprudence du Tribunal du district :**

Tribunal du district sud de New York, 25 avril 1985, 606 F. Supp. 692 (S.D.N.Y. 1985), *Southern Seas. Nav. Ltd. v. Petroles Mexicanos of Mexico City.*

Cour américaine du district nord d'Illinois, 27 décembre 1993, 37 F.3d 345, 347 (7th Cir. 1994), *Yasuda Fire & Marine Insurance v. Continental Casualty.*

Cour du district de New York, 29 octobre 2007, 513 F. Sup. 2d 23, 32 (S.D.N.Y. 2007), *Dunhill Franchisees Trust v. Dunhill Staffing Systems Inc.*

Cour du district est de Michigan, Division sud, 7 juin 2009, *Hall Steel, Co. v. Metalloyd Ltd.*

Cour du district sud de New York, 13 janvier 2017, No. 16-cv-2869, 2017 U.S. Dist. LEXIS 6134 (S.D.N.Y. Jan. 17, 2017), *Trina Solar US, Inc. v. JRC-Services LLC and Jasmin Solar Pty Ltd.*.

F. Jurisprudence anglaise

Queen's Bench Division (Commercial Court) de la High Court, 3 septembre 1992, *Voest-Alpine Aktiengesellschaft c. Ken-Ren Chemicals et Fertilizers Limited.*

G. Jurisprudence arbitrale

DERAINS Y., *Sentence partielle ICC n° 4998*, Clunet, 1986.

Sentence ICSID du 20 novembre 1984, cas n° ARB/81/1, 24 I.L.M 1022, 1026-1027 (1985), *Amco Asia Corp. V. Republic of Indonesia.*

Sentence partielle ICC n° 4126 in S. JARVIN & Y. DERAIN (éd.), *Collection of ICC Arbitral Awards 1974-1985*, 1990.

# TABLE DE MATIÈRES

## L'EXÉCUTION DES MESURES À TITRE PROVISOIRE RENDUES PAR UN TRIBUNAL ARBITRAL SITUÉ À L'ÉTRANGER

## Structures éditoriales du groupe L'Harmattan


**L'Harmattan Italie**
Via degli Artisti, 15
10124 Torino
harmattan.italia@gmail.com

**L'Harmattan Hongrie**
Kossuth l. u. 14-16.
1053 Budapest
harmattan@harmattan.hu

**L'Harmattan Sénégal**
10 VDN en face Mermoz
BP 45034 Dakar-Fann
senharmattan@gmail.com

**L'Harmattan Cameroun**
TSINGA/FECAFOOT
BP 11486 Yaoundé
inkoukam@gmail.com

**L'Harmattan Burkina Faso**
Achille Somé – tengnule@hotmail.fr

**L'Harmattan Guinée**
Almamya, rue KA 028 OKB Agency
BP 3470 Conakry
harmattanguinee@yahoo.fr

**L'Harmattan RDC**
185, avenue Nyangwe
Commune de Lingwala – Kinshasa
matangilamusadila@yahoo.fr

**L'Harmattan Congo**
219, avenue Nelson Mandela
BP 2874 Brazzaville
harmattan.congo@yahoo.fr

**L'Harmattan Mali**
ACI 2000 - Immeuble Mgr Jean Marie Cisse
Bureau 10
BP 145 Bamako-Mali
mali@harmattan.fr

**L'Harmattan Togo**
Djidjole – Lomé
Maison Amela
face EPP BATOME
ddamela@aol.com

**L'Harmattan Côte d'Ivoire**
Résidence Karl – Cité des Arts
Abidjan-Cocody
03 BP 1588 Abidjan
espace_harmattan.ci@hotmail.fr


## Nos librairies en France


**Librairie internationale**
16, rue des Écoles
75005 Paris
librairie.internationale@harmattan.fr
01 40 46 79 11
www.librairieharmattan.com

**Librairie des savoirs**
21, rue des Écoles
75005 Paris
librairie.sh@harmattan.fr
01 46 34 13 71
www.librairieharmattansh.com

**Librairie Le Lucernaire**
53, rue Notre-Dame-des-Champs
75006 Paris
librairie@lucernaire.fr
01 42 22 67 13

Achevé d'imprimer par Corlet Numérique - 14110 Condé-sur-Noireau
N° d'Imprimeur :178496 - Novembre 2022 - Imprimé en France